화분 채소로
돈 버는
홈텃밭

화분 채소로 돈 버는
홈텃밭

© 쑥쑥크리, 2024

초판 1쇄 인쇄일 2024년 4월 22일
초판 1쇄 발행일 2024년 4월 30일

지은이 쑥쑥크리
펴낸이 김지영   펴낸곳 지브레인^{Gbrain}
편 집 김현주
제작·관리 김동영   마케팅 조명구

출판등록 2001년 7월 3일 제2005-000022호
주소 04021 서울시 마포구 월드컵로7길 88 2층
전화 (02)2648-7224   팩스 (02)2654-7696

ISBN 978-89-5979-793-6(13690)

- 책값은 뒤표지에 있습니다.
- 잘못된 책은 교환해 드립니다.
- 해든아침은 지브레인의 취미·실용 전문 브랜드입니다.

화분 채소로
돈 버는
홈텃밭

쑥쑥크리 지음

머리말

우리는 누군가를 만나면 식사했는지를 인사로 할 정도로 먹는 것에 진심이다. 그래서 언제나 맛있는 것을 먹고 싶고 즐긴다. 그런데 현재 여러 가지 이유로 시장바구니 물가는 만만하지 않다.

그렇다면 우리가 직접 자주 쓰는 채소는 키워서 먹는 것은 어떨까?

화분과 흙 그리고 몇 가지 씨앗만 있다면 우리도 건강한 텃밭을 가질 수 있다.

우리가 직접 키운 채소는 우리에게 어떤 즐거움을 줄 수 있을까?

식탁에 자주 오르는 채소를 키우는 것은 정서적, 경제적 측면에서 긍정적인 효과를 기대할 수 있다.

먼저 직접 채소를 키워서 사용하면 구매 비용을 절약할 수 있다. 특히 자주 사용하는 채소일수록 경제적 이득이 클 수 있다.

또한 직접 키운 채소는 수확 직후 바로 사용할 수 있기 때문에, 시중에서 구매하는 것보다 훨씬 신선하다. 이는 맛과 영양 면에서도 좋은 이익이 된다.

그리고 화분에서 자라는 채소를 돌보고 관찰하는 과정에서 건강한 식재료에 대한 흥미를 가질 수 있으며 이는 건강한 식습관 형성에 도움이 된다.

뿐만 아니라 집에서 직접 채소를 키우면 포장재 사용을 줄일 수 있으며, 식품

운송 과정에서 발생하는 탄소 배출량도 감소시킬 수 있다.

이와 같은 경제적인 이익과 환경적인 이익뿐만 아니라 우리의 정서에도 도움이 된다.

식물 테라피를 떠올리면 이해하기 쉬울 것이다.

식물을 가꾸는 활동은 스트레스와 불안을 감소시키고 마음의 평화를 찾는 효과를 얻을 수 있다. 또한 자신이 직접 키운 채소를 수확하는 것은 즐거운 성취감과 함께 일상생활에 긍정적인 영향을 미칠 수 있다.

이처럼 직접 키운 채소는 경제적 도움뿐만 아니라 정서적 안정감에도 영향을 주어 건강한 생활을 추구하는 사람에게는 매우 유익한 취미가 될 수 있다.

본격적인 작물 재배에 도전하기 위해 현재는 귀농한 상태이며 여기에 소개하는 채소들은 지난번에 책으로 소개한 것 중에서 작은 공간만 있다면 몇 개의 화분으로 내가 먹고 싶은 채소를 직접 키우는 즐거움과 함께 언제든 신선한 식재료와 경제적 이득을 얻을 수 있는, 일상생활에서 가장 많이 이용하는 채소들을 선택한 것이다.

따라서 혹시 화분에 채소를 키우고 싶다면 이 책이 도움이 될 것이다.

좀 더 자세한 재배 방법과 과정은 유튜브 〈쑥쑥크리〉를 통해 작물이 자라는 전체적인 모습을 소개하고 있으니 작물의 성장 과정과 관리법이 궁금하다면 참고하길 바란다.

이제 《화분 채소로 돈 버는 홈텃밭》으로 식테크의 시작인 채소 재배에 도전해보자.

차례

9 화분 텃밭을 시작하며

3~4월에 심는 채소

22 상추
30 미나리
36 대파
42 고구마
52 부추
60 생강
66 수세미
74 토마토
84 청경채
90 고추

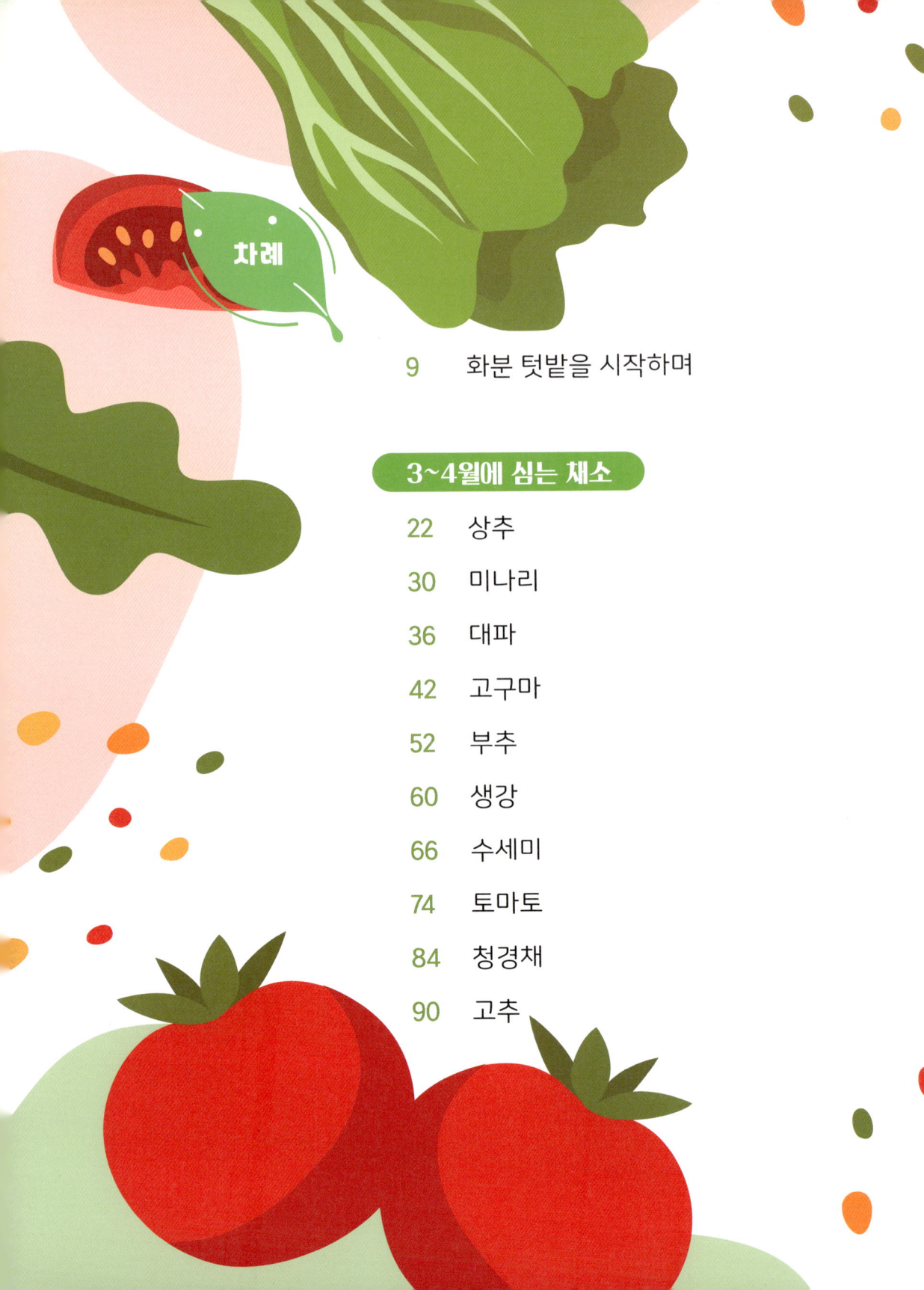

5월에 심는 채소

104 가지

112 깻잎

8~9월에 심는 채소

120 김장무

126 배추

138 쪽파

144 봄동

148 로즈마리

화분 텃밭을
시작하며

    도시에서 생활하는 사람들은 여러 가지 이유로 식물을 키우고 싶어 한다. 하지만 공간과 시간적 제약 때문에 쉽게 시도하지 못하고 식물 역시 하나의 생명이기 때문에 마음 속 바람으로만 간직하는 사람들이 많다.

    그런데 생각을 바꾸면 의외로 무언가를 키우는 것은 간단하다. 그것이 우리가 생활 속에서 자주 먹고 있는 채소라면 더 쉬울 수 있다. 시장이나 다이소에 가서 화분과 흙을 사고 키우고 싶은 채소 씨앗이나 모종을 사면 이미 반은 성공이다.

    단 이때 키울 채소는 다음과 같은 조건을 만족하면 좋다.

    화분에서 재배하기에 적합한 채소는 주로 관리가 비교적 간단하고 공간을 많이 차지하지 않으며, 성장 속도가 빠른 종류여야 한다. 이러한 채소들은 화분에 심어 집안의 작은 공간이나 베란다에서도 키울 수 있어 도시 생활을 하는 사람들에게 특히 적합하다.

    한두 개의 화분만으로도 풍성하게 계속해서 꽤 긴 기간 수확할 수 있는 채소로는 상추, 부추, 깻잎, 토마토, 고추, 허브 등이 있다.

이러한 채소들은 화분 재배에 적합하며, 직접 신선한 채소를 키우며 수확하는 즐거움을 누릴 수 있는 만큼 한 번 도전해보자.

화분 재배를 시작하기 전에는 채소별로 필요한 햇빛의 양, 물주기, 토양 종류 등을 확인하는 것이 중요하다.

이제 화분 채소 재배를 시작해보자.

무엇을 언제 얼마나 심을지 결정하자

모든 곡식과 채소는 수확하기 적당한 시기가 있다. 그리고 우리 조상들은 절기에 따라 씨를 뿌리고 가꾼 뒤 가장 좋은 시기에 수확을 했다. 이러한 조상들의 지혜가 담긴 곡물과 채소에 맞는 시기는 여전히 유효하다. 텃밭 농사의 중요한 시작은 이처럼 작물이 성장하기 좋은 최적의 시기를 놓치지 않는 것임을 기억하자.

- 텃밭에 심을 작물을 결정한다.
- 수확시기를 체크하고 가족이 함께 먹을 수 있는 양을 정한 뒤 다양한 작물을 심도록 한다.
- 크게 자라는 작물과 자리를 많이 차지하는 작물은 면적과 위치를 결정해 효율적이고 합리적인 화분 텃밭을 시작해보자.

키울 작물과 시기가 정해지면 화분 및 상토를 준비하자

플라스틱 화분

가벼워서 운반하거나 다루기가 편하지만 통기성이 나쁘고 과습해지기 쉬워 물 관리에 주의해야 한다.

어린 엽채류는 씨앗을 뿌린 후 3~4주 안에 수확할 수 있다. 따라서 화분의 크기가 작아도 큰 문제가 없다. 그러나 충분한 영양분을 공급해야 작물이 튼튼하게 자라는 만큼 넉넉한 크기의 화분이 좋다.

15ℓ   7ℓ

화분은 일정한 크기와 모양을 가진 화분을 이용하는 것이 공간의 효율성을 높일 수 있다. 각양각색의 화분을 이용하면 공간 활용에서 손해를 보는 부분이나 한 가지 작물을 수확한 후 다른 작물을 심을 때 크기가 맞지 않을 수도 있다. 그렇다고 꼭 비용을 들여 화분을 모두 새로 구입하라는 것은 아니다. 단지 모든 것을 새로 준비한다면 이 점을 고려하자.

이 책에서는 일반적인 작물은 15ℓ의 화분을, 엽채류는 7ℓ의 화분을 이용했다. 물론 작물이 더 크고 잘 자랄 수 있는 환경을 원한다면 넉넉하게 20ℓ의 화분을 준비하는 것도 좋다.

화분을 고를 때는 밑바닥에 있는 구멍이 물이 잘 빠지는 구조인지를 확인한다. 너무 큰 구멍은 상토가 쉽게 빠져나갈 수 있으므로 상토가 유실되지 않도록 배수망으로 막아준다.

상토

상토는 식물의 생육에 적합한 물리성, 화학성 및 생물성을 갖춘 물질로, 작물 생육에 필요한 각종 양분을 공급해 작물이 잘 자랄 수 있도록 하는 중요한 요소이다.

상토를 이루는 재질은 코코피트, 피트모스, 질석, 펄라이트, 제오라이트. 비료이며 육묘를 목적으로 사용되는 배지류를 말한다.

비용을 절약할 목적으로 마당이나 밭에 있는 흙을 사용할 경우 무거울 뿐만 아니라 잡초 씨앗과 벌레들이 함께 옮겨 병이 발생할 확률이 높으며 물 빠짐 또한 좋지 않다. 따라서 실내 텃밭을 목적으로 한다면 무엇이 들어 있을지 모르는 길가나 산의 흙 대신 원예용 상토를 이용해야 한다.

코코피트 코코넛 껍질의 섬유질을 제거하고 분쇄해 얻는 흙.

피트모스 습지식물의 잔재가 연못 등에 퇴적되어 나온 유기물질.

질석 모래의 1/15 정도 무게로, 가볍고 통기성과 보습력이 뛰어남.

펄라이트 진주암을 가열, 팽창해 만든 인공 토양.

제오라이트 장석류의 미세한 다공 광물질이며 보수력, 보비력 및 배수력이 우수해 유해가스 및 유해물질 흡착력이 높다는 것이 특징.

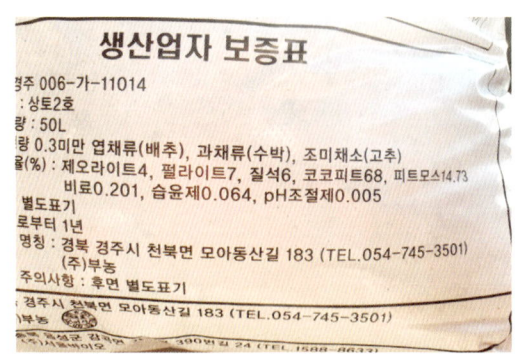

좋은 상토의 조건

- 적당한 보수력 및 보비력.
- 무균, 무충 및 무종자.
- 물리성과 화학성이 변하지 않아야 한다.
- 다루기 쉽고 편리해야 한다.
- 뿌리호흡에 최적인 통기성.
- 토양 산도는 중성에 가까워야 한다.
- 적당하고 균일한 상토 입자 크기.
- 뿌리 엉킴성이 좋아야 한다.

상토 혼합

상토만으로도 3개월 정도는 작물을 재배할 수 있지만 영양분을 조금 더 보강해주면 작물 수확을 풍성하게 할 수 있다.

상토를 단독으로 사용하기 보단 상토+살균된 일반 흙+발효퇴비를 4:4:2 또는 상토+발효퇴비 8:2의 비율로 배합하여 각자의 여건에 맞춰 사용하는 게 작물의 생장에 유리하다.

퇴비와 배합한 화분에선 한동안 퇴비냄새가 나면서 바닥에 얼룩이 생기므로 작물을 심기 보름 전 미리 밭 만들기를 한 뒤 충분히 물 주기를 통해 이와 같은 문제를 해결해 놓는다.

물 주기

물조리개 작은 물조리개를 이용할 경우 여러 번 물을 담아 사용하기 때문에 번거롭다면 큰 용량(7~11ℓ)을 선택한다.

물통 물을 받아둘 수 있는 통(100~200ℓ)을 준비한다. 식물에게 가장 좋은 영양소를 함유하고 있는 것은 빗물이며 수돗물을 받아 하루이틀 후에 주는 것도 좋다.

물 주는 방법

- 흙 깊숙이 뿌리내린 뿌리도 젖을 수 있도록 흠뻑 준다. 바닥에 흐를 것을 우려해 화분 위에만 살짝 주면 잎과 땅 표면만 젖고 뿌리 부분에는 물이 닿지 않는다.
- 한꺼번에 물을 쏟아 부으면 주변 흙이 쓸려 나가거나 파이면서 뿌리 부분이 상할 수 있다. 따라서 물을 줄 때는 2~3차례에 걸쳐 비 오듯이 뿌려준다.

주의할 점

물 온도 이른 봄철이나 한여름에는 물 온도가 지나치게 낮거나 높아서 작물에 해를 줄 수 있다. 이른 봄철에는 따뜻한 낮에, 한여름에는 조금 선선한 오전이나 늦은 오후에 물 온도를 확인하고 준다.

보관 물통을 열어두면 이물질이 들어가거나 모기 유충의 서식처가 되므로 빗

물을 모으거나 사용 중일 때를 제외하고는 항상 뚜껑을 닫아 놓는다.

모종 심는 시기와 방법

모종을 옮겨 심는 일을 '정식' 또는 '모종심기(아주심기)'라고 한다. 모종은 포트 안에서 따뜻하게 자랐기 때문에 노지 텃밭에 옮겨 심다 보면 낮과 밤의 기온 차이를 버티지 못하는 등 갑작스런 환경의 변화에 적응하지 못하고 죽는 경우가 발생할 수 있다.

모종 심는 방법 1

모종판에서 흙이 부서지거나 잔뿌리가 상하지 않도록 조심스럽게 빼낸다.

모종 심는 방법 2

빼낸 모종은 지면과 수평 높이를 맞춰 땅에 묻히도록 심는다. 떡잎까지 깊게 심을 경우 지표면과 너무 가까워 빗물이 튀면서 흙 속에 있던 병균에 감염될 수 있으니 주의하자(텃밭과 화분 모두 동일하다).

씨앗&모종심기 전·후 물 관리

심기 전

심기 하루 또는 반나절 전 충분히 물을 주어 화분의 흙이 수분을 머금어 촉촉한 상태가 되도록 한다.

심은 후

- 씨앗을 심은 후에는 씨앗이 쏠려 떠내려가지 않도록 주의하며, 충분한 물을 비 오듯이 준다.
- 씨앗의 싹이 나서 뿌리가 충분히 내릴 때까지 2~3일 간격으로 물을 준다.

토양 수분 적응성에 따른 작물 분류

토양에 따른 작물 분류	적절한 채소의 종류
다소 건조해도 잘 자라는 채소	고구마, 수박, 토마토, 땅콩, 들깨, 호박 등
다소 습한 토양에서 잘 자라는 채소	토란, 생강, 오이, 가지, 배추, 양배추 등
습한 토양에서 잘 자라는 채소	연근, 미나리 등

발아특성

광발아 씨앗	빛에 의해 발아가 유도되는 씨앗	상추, 배추, 우엉, 셀러리, 명아주, 차조기, 우엉 등
암발아 씨앗	씨앗이 발아하는데 빛이 필요하지 않거나, 빛에 의해서 발아가 억제되는 씨앗	호박(박과작물), 무, 부추, 파, 양파, 가지, 수세미 등

씨앗의 수명

	단명씨앗(1~2년)	중명씨앗(3~5년)	장명씨앗(5년 이상)
농작물류	콩, 땅콩, 목화, 옥수수, 해바라기, 기장	벼, 밀, 보리, 유채	사탕무
채소류	강낭콩, 상추, 파, 양파, 고추, 당근, 삼엽채	배추, 멜론, 시금치, 완두, 무, 호박	비트, 토마토, 가지, 수박
화훼류	베고니아, 팬지, 스타티스, 일일초	카네이션, 시클라멘, 메리골드	접시꽃, 나팔꽃. 백일홍, 데이지

3~4월에 심는 채소

화분으로 키우는 채소는 따뜻한 날씨와 함께 싹이 올라오는 시기인 3월이나 4월부터 본격적으로 작물을 심으면 된다.

상추
3월 중순 ~ 4월 말

미나리
3월 하순 ~ 4월 중순

대파
3월 중순, 모종은 5월

고구마
3월 초순

부추
3월 중순

생강
4월 하순

수세미
4월 중순

토마토
4월 중순 ~ 5월 상순

청경채
4월 하순

고추
4월 중순

상추

씨앗으로 상추 키우기

처음으로 채소 재배를 시작할 때 가장 많이 추천하는 작물이 상추다.
상추는 우리 식탁에 자주 오르는 채소이며 키우기도 쉽고 다른 작물과 다르게
여러 번 잎을 따먹을 수 있으며 추대가 올라오기 전까지 수확이 가능한 작물이다.
우리나라에서는 주로 잎상추를 먹는데 봄·가을의 대표적인 재배 품종으로
치마상추, 뚝섬녹축면상추, 적축면상추 등이 있다.
여름철에는 비교적 고온기를 잘 견디는 청상추를 재배하면 좋다.

환경 조건

상추는 서늘한 기후를 좋아하는 호냉성 채소로, 보통 5~20℃ 정도에서 잘 자란다. 따라서 더위에 약하여 생육기간 중 온도가 높아지게 되면 쓴맛이 증가하고, 꽃눈 형성이 빨라져 꽃대가 올라온다.

햇빛의 세기 재배 조건에 낮의 길이는 그다지 문제되지 않는다. 일조량이 좀 부족하더라도 재배는 가능하다. 하지만 햇빛을 충분히 받을 수 있다면 더 풍성하게 키울 수 있다.

토양 조건 통기성과 수분 함량이 충분한 토양이라면 어디서든 잘 큰다.

토양 산도 pH 5.7~7.2 정도가 좋으며 pH 5 이하의 산성 토양에서 생육이 저하된다.

재배 일정

월	1			2			3			4			5			6			7			8			9			10			11			12		
	상	중	하	상	중	하	상	중	하	상	중	하	상	중	하	상	중	하	상	중	하	상	중	하	상	중	하	상	중	하	상	중	하	상	중	하
봄 재배										●			🟧	🟩	🟩	🟩	🟩	🟩																		
여름 재배																●			🟧			🟩	🟩													
가을 재배																						●			🟧			🟩	🟩	🟩	🟩	🟩	🟩			

● 씨뿌리기   🟧 모종심기   🟩 수확

텃밭 대표작물인 상추의 경우 여름과 추운 겨울을 제외하고 언제든 모종을 구입해 정식해도 좋다.

상추는 추위에 상당히 강한 작물이기 때문에 봄 상추는 5월 초부터 수확을 시작하고 가을 상추

는 영하 이하로 떨어지지 않는 한 12월까지 수확이 가능하다.

씨뿌리기

대표적인 광발아성 씨앗인 상추는 파종 후 흙을 얇게 덮어주고 빛은 5-8시간 이상 충분히 쪼여야 발아율을 높일 수 있다. 씨앗은 소량만 파종해도 부족함 없이 먹을 수 있으니 씨앗을 많이 뿌릴 필요는 없다.

만약 3월 파종 후에 보름 정도 간격을 두고 4월 파종을 하면 시간을 두고 6월까지 신선한 잎을 수확할 수 있다.

씨앗으로 모종을 키우기가 번거롭거나 작은 화분에 키울 거라면 종묘상이나 꽃가게에서 구입해 심으면 편리하다.

씨앗 파종.

6일 후 씨앗 발아 모습.

모종심기 (정식)

씨를 뿌린 후 발아해서 본 잎이 5~6장 정도 나오는 1달 정도면 화분에 옮겨 심을 수 있다.

상추 모종의 간격은 20×20cm를 유지해주고 뿌리와 토양이 밀착되도록 심어준 뒤 물을 충분히 준다. 간격이 좁을 경우 스트레스를 받으며 병해충 발생 시 옮길 수 있으니 너무 좁게 심지 말자.

종종 작은 화분에 간격마저 좁게 심는 경우를 보는데 잎을 크게 키울 생각이라면 5~7ℓ 정도 용량의 화분에 키우는 것을 추천한다.

상추 모종.

5ℓ 화분에 모종심기.

물 주기

상추는 잎이 시들지 않도록 수분을 유지해준다.

기온이 25℃ 이상 올라갈 때 야외에서 키운다면 매일, 베란다에서 키운다면 2-3일에 한 번 정도

물을 주어야 한다. 화분을 들었을 경우 가벼운 느낌이 든다면 물을 듬뿍 주기 바란다.

가정마다 재배 환경이 다르기 때문에 자세히 관찰하면서 물 주는 주기를 알아두어야 한다.

수확하기

정식 후 30일 정도부터 수확이 가능하며, 묘가 활착되어 왕성한 생육을 보이기 시작하면 아랫잎부터 차례로 뜯어 수확한다. 보통 날씨가 뜨거운 6월 중순까지 수확할 수 있다.

수확은 공기가 통하도록 새순만 남겨두고 떼어내는 것이 중요하고, 잎을 떼어낼 때 끝단이 남아 있지 않게 바짝 따준다.

추대

상추는 추위에 강한 작물이기 때문에 조금 일찍 심는 것이 오래도록 상추를 수확해 먹을 수 있는 방법이다. 너무 늦게 심을 경우 본격적인 더위가 시작되는 6월에 추대가 올라오기 때문에 일찍 심는 것이 좋다.

6월 하순부터 서서히 잎이 단단해지고, 색도 변하기 시작한다. 이때가 수확이 끝나는 시점으로, 꽃대가 올라와 꽃봉오리가 보일 때쯤이면 질기고 쓴맛이 나기 때문에 뽑아버리거나 8월에 씨앗을 채종하여 가을에 맞춰 다시 파종할 수도 있다.

씨받기

요즘은 씨앗 값이 비싸다. 때문에 겨울까지 계속 상추를 먹고 싶다면 8월 하순에 꽃이 지면 상추씨앗이 들어 있으니 사진처럼 채종해주면 된다. 줄기를 잘라 2~3일 정도 말려 8월에 다시 파종하거나 채종하지 않고 그대로 두어도 그 자리에 씨앗이 떨어져 자연 번식을 하게 된다.

 Tip

여러 종류의 쌈채소는 상추와 재배 방식이 같아 쉽게 재배가 가능하다.

꽃상추.

적생채.

로메인.

미나리

마트 미나리 번식과 키우는 방법(7개월)

미나리과는 어느 환경에서나 잘 자라는 작물이므로
시기에 크게 구애받지 않고 키울 수 있기 때문에 베란다나 화분 구분 없이
가정에서 쉽게 키울 수 있다.
다만 물을 좋아하기 때문에 수분관리에 신경 써야 한다.
또 화분 하나만 잘 키우면 계속해서 수확이 가능한 채소이다.

환경 조건

잘 자라는 온도	22~24℃ 최고도 30℃ 저장적온 0℃(습도: 90~90%)
햇빛의 세기	내음성이 약하여 충분한 일조가 필요하다.
토양 조건	호습성이므로 물기가 많은 곳이면 어디서나 재배 가능하다.
토양 산도	pH6~7 정도의 약산성 토양에서 잘 자란다.

 ### 재배 일정

월	1			2			3			4			5			6			7			8			9			10			11			12		
	상	중	하	상	중	하	상	중	하	상	중	하	상	중	하	상	중	하	상	중	하	상	중	하	상	중	하	상	중	하	상	중	하	상	중	하
일정									▦	▦	▦				■	■						▦	▦				■	■	■							

🟥 옮겨심기 또는 정리하기　🟩 수확

씨뿌리기

미나리의 어미포기를 뿌리째 캐내어 심거나 마트에서 구입한 미나리의 마디를 기준으로 6~9cm로 절단한 후 노지텃밭은 20~30cm 간격으로, 화분은 촘촘히 얕게 묻는다. 여름에는 빛이 강해 미나리의 줄기가 녹아버리니 반그늘로 옮겨 기르도록 한다.

물 주기

내음성(음지에서도 광합성 가능한 식물)이 비교적 약하므로 충분한 일조를 요구하며 수생식물이기 때문에 물이 많은 환경을 좋아하므로 충분히 물을 준다. 특히 저면관수를 통해 물을 공급하면 미나리를 오랫동안 재배하며 수확할 수 있다.

봄, 여름, 가을재배가 모두 가능하지만 가을에는 낮의 길이가 짧아 줄기의 길이가 짧아지고 질겨지는 경향이 있다.

수확

　미나리의 육묘기간이 50~60일인 것을 감안하여 3월 상순경에 파종하고 5월 상순경에 정식한다. 봄 재배 시에는 정식 35일 후에 수확이 가능하다.

한번 심으면 계속 수확이 가능하기 때문에 집에서 키우기 좋은 채소이다.

대파

화분에 키운 다이소 대파.

우리나라 요리에 자주 이용되는 식재료인 대파는 더위와 추위에도 강하며
재배 과정에서 별다른 병충해도 없기에 도전하기 좋은 채소이다.
마트에서 사온 대파는 수경재배를 할 경우 뿌리 부분이 서서히 물러지면서 급격히 썩기
시작해 악취가 발생하니 오랫동안 키워 먹을 목적이면 가급적
화분에서 키우는 것이 좋다.

환경 조건

싹트는 온도	15~25℃가 적온이며 이보다 더 낮거나 높으면 발아가 불량하다.
잘 자라는 온도	20℃ 내외이며 고온기인 여름에는 생육이 저조하다.
자라는 데 방해 온도	5℃ 이하, 35℃ 이상.
토양	토심이 깊고 물 빠짐이 잘되는 토양이 좋다.
토양 산도	pH 5.7~7.4로 토양 적응성이 크다.

재배 일정

씨뿌리기

파종은 씨앗을 묘상에 흩어 뿌리는 방법, 10cm 간격으로 파종 골을 만들어 씨를 뿌리는 줄파종, 상토를 채운 트레이에 구당 3~4립씩 파종하는 방법이 있다.

대파는 암발아성 씨앗으로 파종한 후 물을 충분히 준 다음 볏짚, 비닐, 부직포, 신문지 등으로 덮어 보온과 수분을 유지시키고 발아가 되면 매일 물을 충분히 준다.

비닐봉지로 빛을 차단하고 수분을 유지시킨다.

10일 정도면 싹이 나온다.

사진처럼 직접 모종을 키우는 것은 많은 시간이 소비되므로 씨앗으로 직접 기르는 것보다 모종을 사다 심는 것이 편하다.

씨앗이 발아하면 한 달 이상 더 키워 화분에 옮겨 심으면 된다.

대파 모종심기

대파 씨앗으로 모종을 키우려면 3월 중순에 파종하고 모종은 5월 상순부터 옮겨 심는다. 대파는 다른 작물과 다르게 추운 겨울을 제외하고 연중 정식할 수 있다. 대부분 5월에 정식해 가을 김장철에 맞춰 수확한다.

대파를 약간 비스듬히 심어주면 며칠 지나면 곧게 일어난다. 대파는 길게 자라기 때문에 10cm 간격을 유지하며 대파의 흰 줄기 부분까지 심어주는 것이 중요하다. 심고 30일 정도가 되면 1차 북주기를 하고 다시 30일이 지나면 2차 북주기를 해준다.

정식하는 모종의 키가 크면 심었을 때 쓰러질 수 있다. 쓰러진 잎이 다시 일어나는 데까지는 오랜 시간이 걸리기 때문에 윗부분을 잘라주는 것이 좋다. 또는 예쁘게 순이 나오도록 잘라서 심어주는 경우도

있다.

수확하기

파는 수확기가 정해져 있지 않다. 파의 크기에 따라 실파, 중파, 대파로 구별하며 모종을 심은 후 40~50일이 지나면 수확할 수 있다.

화분에 키운 파는 수확 할 때 뿌리째 뽑지 말고 뿌리로부터 10cm 위에서 잘라 수확하면 다시 파가 자라기 시작한다. 이렇게 하면 여러 번 수확할 수 있다.

대파 씨앗 채종

대파는 추운 겨울에도 푸른 상태로 있지는 않지만 다년생 채소이므로 봄이 오면 다시 새싹이 올라오는 작물이다. 겨울에는 동면을 하고 4월부터 추대가 올라오기 때문에 씨앗을 채종하고 싶다면 4월이면 피는 꽃을 두었다가 5월에 씨앗을 채종할 수 있다.

채종 후 1년 이상된 대파 씨는 발아가 잘 되지 않기 때문에 올해의 대파 씨는 가급적 다음해 파종하는 것이 좋다.

봄이 되자 작년 대파가 싹이 올라와 이만큼 자랐다.

고구마

  원예용상토 50L 포대에 고구마 키우기

고구마는 따뜻한 기온을 좋아하기 때문에
봄가을은 고구마에게 좋은 계절이 아니다.
하지만 수확까지 긴 시간이 필요하기 때문에 3~4월에는 씨고구마로
고구마 모종을 준비해야 한다.

환경 조건

생육 온도 범위	15~38℃(30~35℃에서 생육이 왕성)
덩이뿌리 비대지온	20~30℃
발근적온(지온)	17~30℃(조기재배 시 지온 15℃ 이상)
토양 조건	3~5°정도의 비탈이 지고 물 빠짐이 잘되어 토양 통기가 양호한 식양질계 적황색토 또는 사질양토.
토양산도	토양산도에 대한 적응성이 커서 pH 4.2~7.0 사이에서는 생육 및 수량에 큰 차이를 보이지 않는다. 그러나 알칼리성 토양보다 산성 토양에서 수량이 많다.

 재배 일정

월	1			2			3			4			5			6			7			8			9			10			11			12		
	상	중	하	상	중	하	상	중	하	상	중	하	상	중	하	상	중	하	상	중	하	상	중	하	상	중	하	상	중	하	상	중	하	상	중	하
일정							■	■					■	■	■	■										■	■	■								

■ 씨고구마 심기　■ 순심기　■ 수확

모종 기르기

고구마 모종을 준비하는 시기는 3월 상순 ~ 4월 상순으로 씨고구마를 준비해 5월 상~중순 40~50일을 길러 첫 삽식을 한다.

씨고구마 한 개에서 한 번에 자를 수 있는 고구마 모종은 5~6개다.

묘가 자라는 중 바이러스에 걸려 잎이 오그라드는 증세를 보이거나 썩은 고구마와 검은무늬병 등에 걸려서 밑부분이 검게 변한 것은 버려야 한다.

싹이 5~10cm 정도 자라면 따뜻한 날 한낮에 2~3시간 정도 창가에 나둬 묘종이 튼튼하게 자라도록 한다. 이때 묘가 갑자기 찬바람에 닿으면 어린잎이 누렇게 되며 덩이뿌리의 형성이 나빠지므로 주의해야 한다.

수경재배 1일.

수경재배 34일.

밤고구마 밤 맛과 비슷하며 삶으면 흰색 줄무늬가 보인다.

호박고구마 삶거나 구웠을 때 노란빛을 띠고 당도가 높다.

베니하루카 고구마 밤고구마와 호박고구마의 중간 형태로 꿀고구마라고도 불린다.

자색고구마 속살이 보라색을 띠며 단맛은 적다.

100일~150일까지 품종에 따라 수확 시기가 다르니 너무 이르거나 늦지 않도록 품종 선택을 해야 한다.

큰 씨고구마는 작은 씨고구마에 비해 싹이 튼튼하고 좋지만 같은 중량에서 생산되는 싹의 수가 적고, 작은 씨고구마는 같은 중량에서 생산되는 싹의 수가 많으며 육묘 환경만 좋으면 우수한 싹을 생산할 수 있다.

씨고구마는 병들지 않은 고구마, 품종 고유의 특성을 가진 고구마, 저장 중 냉해를 입지 않은 고구마로 선택하며 재배 기간에 알맞은 품종 선택이 중요하다.

고구마 심기

고구마의 원산지는 열대지방으로 난대성 뿌리작물이지만 심을 때와 수확할 때 서리만 주의하면 큰 문제없이 재배하기 쉬운 편이다.

고구마는 5월 상~6월 중까지 정식할 수 있다. 5월에 간혹 늦서리가 내리기도 하는데 밭에서 재배하면 늦서리를 맞으면 죽기 때문에 다시 심어줘야 한다.

야간 온도가 10℃ 이하면 정상적인 성장이 어렵고 5℃ 이하에 자주 노출되면 성장에 이상이 생긴다. 뿌리를 내릴 때 지온은 15℃ 이상의 온도가 필요하다.

빛이 잘 드는 베란다나 옥상이 있다면 고구마를 키우는데 좋은 환경이지만 줄기를 길게 뻗어가기에 넓은 공간 확보도 중요하다.

고구마를 키울 넉넉한 화분이 없다면 원예용 상토 50L를 이용해 키울 수 있다. 키우는 방법은 다음과 같다.

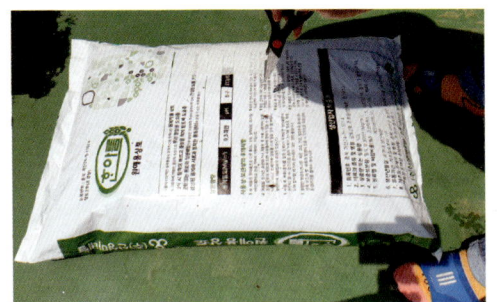 

바닥 배수구멍.   4개 심기.

포대의 바닥면에 배수 구멍을 뚫어 물 빠짐이 좋게 한다. 과습이 생기면 애써 키운 농사를 망칠 수 있다. 다시 뒤집어 흙이 한쪽으로 몰리지 않게 평평하게 펴 주고 모종을 심기 위해 15cm 간격으로 4개의 구멍과 가운데에 1개의 물을 줄 구멍을 뚫어준다.

4개 심기
15cm 간격
물 주는 곳

이제 고구마에 달린 순 중에 튼튼한 줄기를 골라 채취한다.

고구마 순을 심기 위해 〈고구마 이식기〉를 사용하면 편하지만 나무젓가락을 이용해 심어도 된다.

고구마 모종 채취.

나무젓가락 끝에 살짝 걸친 고구마순을 45°로 비스듬하게 흙속에 들어가도록 쑥 집어 넣어준다.

고구마 수평심기.

물구멍을 통해 물을 충분히 주고 심은 뒤 일주일 동안은 흙이 마르지 않게 유지해준다.

물주기.

재배

고구마를 심고 뿌리가 활착하기 전까진 낮엔 힘없이 시들었다 살아났다를 반복하는데, 새로운 환경에 적응하는 단계이니 수분이 마르지 않도록 관리가 필요하다.

5월 아직 힘이 없는 줄기.

6월 고구마 줄기.

뿌리내림을 위해서는 지온이 15℃ 이상의 온도가 필요하며 6월에 줄기가 뻗어나기 시작한다.

고구마 비대기.

모든 작물은 비대기에 접어들면 많은 물을 필요로 한다. 밭이 아닌 옥상에서 키우는 고구마는 더 많은 물을 요구한다. 여름에 다가갈수록 한낮의 뜨거운 태양과 옥상의 열기로 보습력이 떨어지는 상토는 매일 많은 양의 물을 필요로 하기 때문이다. 또한 포대로 재배하기 때문에 장마 기간에 비가 내려도 빗물이 쉽게 스며들 수 없으니 환경에 따라 아침저녁으로 관찰하며 매일 5L 이상의 물을 줘야 한다.

웃거름

고구마 같은 구군식물은 양분이 많으면 안 된다.

질소질이 10%가 넘으면 다른 영양소의 섭취를 방해하는 길항작용이 일어나 뿌리의 성장에 장애를 일으키면서 고구마는 생기지 않고 넝쿨과 잎만 무성하게 자란다. 질소 성분이 적은 상토에서 기르면 웃거름을 주지 않고도 잘 자란다.

고구마는 뿌리가 굵어지려면 칼륨 성분을 보충해주어야 한다. 미량요소 중 붕소가 결핍되면 고구마가 갈라진다.

시중에 칼륨 성분이 많은 고구마 전용 비료를 판매하고 있다.

수확

조생종 고구마의 수확 시기는 90일 정도로 수확이 빠르지만 보통은 정식 후 120일 정도 지나야 수확이 가능하다.

밤고구마   100~120일 수확
꿀고구마   110~130일 수확
호박고구마   130~150일 수확

고구마 잎이 노랗게 변하거나 시들어 보일 때 수확시기를 결정하고 수확 전에는 수분 공급을 중단한 뒤 충분한 일조량을 확보해주어야 맛있는 고구마를 수확할 수 있다.

6월 늦게 심은 고구마는 10월 초에서 중순까지 첫 서리가 내린기 전 수확해야 한다.

삽식 후 110~120일 정도에서 수확하는 것이 상품성이 좋고 다음해의 씨고구마용은 130~140일 수확도 좋으나 수확 시의 저온에 의한 냉해를 받지 않도록 주의해야 한다. 특히 생식용은 110일이 넘으면 상품성이 저하된다.

수확한 고구마는 12~15℃의 실온에 보관하는 것이 좋다. 고구마를 넓게 펼쳐두어 물기를 제거한 후 두세 개씩 신문지나 키친타월 등으로 포장해 상자에

서리 맞은 고구마 줄기.　　　　　　　　　고구마 줄기로 퇴비 만들기.

　야외에 공간이 있다면 고구마를 심은 상토는 재활용이 가능하다. 잘게 부순 후 고구마 줄기를 담고 흙과 물을 넣어 내년에 사용할 수 있게 퇴비로 만들어 쓰면 된다.

고구마의 효능

알칼리성 식품인 고구마는 밥보다 칼로리(100g당 130Kcal)가 적으면서 위에 머무는 시간이 길어 포만감이 오래 가기 때문에 다이어트 식품으로 환영받고 있다. 또한 식물성 섬유가 장의 움직임을 활발하게 해 변비 해소와 고구마에 함유된 얄라핀^{Jalapin} 성분이 숙변 제거에 효과가 있다.

또한 항암과 항산화에 효과적인 베타카로틴과 글루타치온이 풍부하기 때문에 암 예방에 좋다.

감자와는 달리 고구마는 조리를 해도 비타민 C가 거의 파괴되지 않으며 비타민 B_1, B_2와 비타민 E가 풍부해 피로회복에도 큰 도움이 된다.

우리 선조들은 고구마를 먹을 때 김치를 같이 먹는데 고구마를 먹으면 나트륨 소비가 많아져 김치는 영양의 균형을 맞춰주는 만큼 조상들의 지혜가 돋보이는 섭취 방법이다.

고구마를 직접 재배하면 고구마 외에도 고구마순 수확이 가능하다.

고구마순은 비타민 A가 풍부하며 열량이 낮고 식이섬유 함유량도 높아 다이어트 식품으로 매우 좋다.

고구마순 김치, 고무마순 무침, 고구마순 육개장, 고구마순 들깨볶음 등 다양한 요리가 가능하며 볶아먹으면 지용성 비타민인 비타민 A를 더 쉽게 섭취할 수 있다.

부추

화분에 부추씨앗 키우기

화분에 부추 옮겨 심고
부추씨앗 채종까지

우리나라에서 사랑받는 대표적인 식재료 중 하나인 부추는
백합과의 다년생 채소이다.
씨를 뿌린 뒤 가을까지 여러 번 수확할 수 있으며 매년 계속 추수가 가능하다.
영양소가 풍부하며 양념부터 김치까지 다양하게 이용되고 있는 식재료이다.

환경 조건

싹트는 온도	18~20℃.
잘 자라는 온도	18~20℃.
햇빛의 세기	빛의 양에 큰 영향을 받지는 않으나, 햇빛을 충분히 쪼여주는 것이 좋다.
토양	토질을 가리지 않는 편으로, 비교적 건조에 약하다.
토양 산도	pH6.0~7.0 정도의 양토나 사양 토질에서 생육이 왕성해 양질의 다수확이 가능하다.

재배 일정

월	1			2			3			4			5			6			7			8			9			10			11			12		
	상	중	하	상	중	하	상	중	하	상	중	하	상	중	하	상	중	하	상	중	하	상	중	하	상	중	하	상	중	하	상	중	하	상	중	하
첫해									●					🟧											수확	수확	수확	수확	수확	수확	휴면	휴면	휴면	휴면	휴면	휴면
이듬해	휴면	휴면	휴면	휴면	휴면	휴면				수확	수확	수확	수확	수확	수확	수확	수확	수확	수확	수확	수확	수확	수확	수확	수확	수확	수확	수확	수확	수확						

● 씨뿌리기　🟧 아주심기　▇ 수확

씨뿌리기

부추는 수입품종인 그린벨트 부추와 잎 폭이 넓고 향이 강하지 않은 차이나 벨트 부추를 많이 판매하고 있다. 재래종으로는 솔부추, 파부추, 산부추 등이 있다. 솔잎부추라고도 불리며 잎 너비가 매우 좁고 잎은 꼬여 있다.

종자번식이 어려워 포기 나누기 해서 키우는 영양번식을 주로 한다.

파부추는 두메부추라고도 하며 파 맛이 더 나며 솔부추처럼 잎이 꼬여 있다.

파종 적기는 3월 중순~4월 상순으로 모판에 줄뿌림 하거나 트레이에 15립 정도 뿌린 후 씨앗 크기의 2~3배 정도의 흙을 얕게 덮어준다.

물을 줄 땐 씨앗이 흘러내리거나 흙이 패지 않도록 살살 뿌려준다.

부추 씨앗.

34일 자란 모종.

부추 모종 심기

5~7월에 평균기온이 12~24℃인 기간에 충분히 물을 주고 모종을 심어 준다.

고온일 때는 수분 증발이 심하고 장마로 비가 많을 경우에는 과습으로 뿌리가 썩는 피해를 볼 수 있다.

화분 재배

저온기에는 3~4일에 한 번 정도 물을 주지만 여름철에는 1~2일에 한 번씩 물을 준다.

처음엔 부추가 힘없이 얇게 자라지만 어느 정도 굵어질 때까지 순치기를 반복해주면 시간이 지날수록 잘려 나간 부분에서 더 굵고 튼튼하게 올라온다.

생장점 자르기.

생육기간이 길며 다비성(거름이 많이 필요한 작물) 작물이므로 생육 중 비료가 부족하지 않게 완효성(비료 효과가 천천히 나타나는 것) 퇴비를 많이 주어야 한다.

1년에 2회 생육이 왕성한 봄과 가을에 웃거름을 준다.

퇴비는 봄(움트기 전의 4월 상순과 6월 중순), 가을(9월 중순)에 중점 시용한다.

11월 부추 수확.

날씨가 추워지는 11월 상순 경부터 지상부의 잎은 말라 시들고 휴면기에 들어가게 된다. 이때가 되면 토양이 얼기 전 충분하게 관수하여, 뿌리가 안전하게 월동하여 이듬해 빨리 싹이 트도록 한다.

부추 수확하기

첫 해 심은 부추는 8~9월부터 수확이 가능하며 2년차에 접어들면 4월부터 수확할 수 있다.

20cm 이상 자라면 2~3cm 정도 남기고 가위로 잘라준다.

수확한 후 일정기간이 지나면 다시 새 잎이 자라나므로 이른 봄부터 늦가을까지 계속해서 수확할 수 있다. 수확 시 너무 깊이 베면 다음 생육이 늦어지므로 유의한다. 수확할 때마다 물과 비료를 충분히 준다.

부추 옮겨심기

부추 번식 방법으로는 봄에 씨앗을 파종하거나 뿌리나눔을 통해서 쉽게 번식할 수 있다. 척박한 토양에서도 잘 자라는 특성 때문에 뿌리나눔 번식은 연중 가능하며 번식력도 아주 좋다.

옮겨심기한 부추.

봄에 부추가 싹이 돋아나 3~5cm 높이로 자라면 뾰족한 대나무(뿌리가 상하기 쉬워 철붙이는 사용하지 않음)로 뿌리를 나누어 이랑에 심는다.

뿌리를 파서 들어내면 지온이 높아져 생장이 촉진되며 주요 해충인 부추구데기 등의 방제와 잡초방제에 효과가 있다.

꽃대 따기

2년차부터 8월이 되면 꽃대가 올라오는데 이 꽃대를 따주지 않고 그대로 방치해 두면 개화, 결실 때문에 식용으로의 생명은 끝나고 채종용만 가능해지므로 오래 수확할 거라면 빨리 꽃대를 따줘야 한다.

8월 부추 꽃대.

씨앗받기

첫해에 파종한 부추는 꽃을 피우지 않지만 2년차 부추부터는 씨앗을 받을 수 있다. 8월에 접어들면 하얀 부추 꽃을 피우기 시작한다.

부추 꽃.

단단히 여문 부추 씨앗.

씨앗 채종 후 부추.

씨앗 건조.

생강

화분에 1년 먹을 생강 키우기

생강은 발아 기간이 길고, 발아율이 낮기 때문에 키우기가 어려운 작물이다. 발아를 시킨다고 해도 다른 작물에 비해 재배 기간도 길어 인내심을 필요로 하지만 일단 발아만 되면 병충해 없이 무난하게 키울 수 있는 작물이다. 그리고 특별히 많이 쓰지만 않는다면 화분 하나로 1년간 먹을 수 있는 생강 수확이 가능하기 때문에 충분히 도전해볼 만한 작물이다.

환경 조건

싹트는 온도	25℃에 씨눈이 가장 굵고 충실하게 잘 자람.
잘 자라는 온도	25~30℃
햇빛의 세기	생강은 반음지성 식물이기 때문에 일조량이 많지 않아도 키울 수 있다.
토양 조건	토양 적응성은 넓으나 사양토나 양토에서 수량성이 좋다. 이어짓기하면 근경부패병이 심하게 발생하므로 3~4년 간격으로 윤작해야 한다.
토양 산도	pH 6.0~6.5가 적당하고 4.3 이하에서는 생육 불량.

 재배 일정

월	1			2			3			4			5			6			7			8			9			10			11			12		
	상	중	하	상	중	하	상	중	하	상	중	하	상	중	하	상	중	하	상	중	하	상	중	하	상	중	하	상	중	하	상	중	하	상	중	하
일정												●	●															■	■	■	■	■	■			

● 씨뿌리기   ■ 수확

생강 싹 틔우기

생강을 바로 심으면 싹을 틔우는 기간이 한 달~한 달 반 정도 필요하다.

발아까지 오랜 시간이 걸리므로 싹이 나올 때까지 흙이 마르지 않도록 관리해 줘야 한다.

바로 심지 않고 싹을 틔워 심으면 잎이 빨리 나오고 생육기간이 길어져 튼실한 생강 수확이 가능하다.

싹을 틔워 심고 싶다면 방법은 다음과 같다.

생강이 없다면 먼저 상처 없는 씨생강을 구매한다. 만약 이미 싹이 올라오고 있는 생강이 있다면 씨생강으로 매우 적합하다.

다음으로는 사진처럼 비닐 안에 생강을 넣어서 흙으로 덮거나 거적을 덮어 약간의 수분을 유지한 채 햇빛이 잘 드는 따뜻한 곳에 둔다.

생강 심기

씨생강은 싹이 2~3개씩 유지되도록 하면서 생강이 크다면 20~60g 정도의 크기로 자른다.

수분이 있는 상태로 자른 생강을 바로 심으면 부패할 수 있으므로 2일 정도 말린 후 심는다.

파종할 때는 씨눈이 위로 올라오게 2~2.5cm 깊이로 덮어주고, 포기 간격은 5~30cm를 유지해서 심어준다.

생강은 반음지성 식물이므로 햇빛 양이 많지 않아도 키울 수 있는 작물이다. 심은 뒤 볏짚(3~4cm 두께)이나 부직포, 검은비닐을 덮어주면 건조해지는 것을 방지하고 잡초 발생을 억제할 수 있다.

노지 텃밭.

파종 후 7~8주가 지나면 잎이 나온다.

여름철, 온도가 높고 수분이 많아지면 뿌리썩음병이 생길 수 있으므로 주의한다.

수확하기

생강 수확 시기는 10~11월경 잎이 노랗게 변하고 생강이 땅 위로 보일 때가 수확 적기다.

포기를 손으로 뽑아도 되지만 땅이 단단하여 잘 뽑히지 않는다면 호미를 이용해 상처가 나지 않도록 캐 준다.

수확한 생강은 신문지에 싸서 냉장 보관하거나 박스에 담아 흙으로 살짝 덮어 서늘한 장소에 보관하면 좋다.

수세미

화분에 천연수세미 키우기

한해살이 식물인 수세미는 최근 영양학적 측면에서 인기가 높아지고 있다.
병해충이 적고 식물체의 활력이 다른 덩굴성 작물보다
늦게까지 유지되는 편으로 박과채소 중 재배하기 쉬운 편이다.
또 천연수세미는 친환경적일 뿐만 아니라 건강에도 좋다.

환경 조건

싹트는 온도 25~30℃가 적당하고 생육 적정 온도는 20~30℃

햇빛의 세기 고온과 강한 햇빛에도 잘 자라는 고온성 채소.

토양 조건 토양 수분이 풍부한 곳을 좋아하지만 과습에는 약하다.

토양 산도 pH 6.0~7.5

 ## 재배 일정

월	1			2			3			4			5			6			7			8			9			10			11			12		
	상	중	하	상	중	하	상	중	하	상	중	하	상	중	하	상	중	하	상	중	하	상	중	하	상	중	하	상	중	하	상	중	하	상	중	하
밑거름																																				
씨앗																																				
모종																																				
자주																																				
웃거름																																				
수확																																				

수세미 · 67

씨앗 심기

수세미는 씨앗으로 번식하며 다른 박과 작물과 비슷한 방법으로 재배한다.

씨앗은 4월 중순부터 파종하며 싹트는 온도는 25~30℃가 적당하고 생육 적정 온도는 20~30℃가 좋다.

모종심기

수세미는 꽃눈을 형성하기 위해 일조 시간이 일정 기간 이하가 되어야 하는 식물로, 6월에 심으면 암꽃의 개화가 늦어지고 잎만 무성해지므로 5월 상순에 심는 것이 좋다.

모종을 고를 때는 뿌리가 잘 내리고 줄기가 튼튼하며 본잎이 2~4장 난 것을 고른다.

노지에서 모종은 60~70cm 간격으로 심어주며 모종을 심을 때는 뿌리보다 더 크게 구멍을 판 뒤 모종을 얹고 흙으로 덮어준다.

지주 세우기

수세미는 덩굴성 식물이므로 잎이 5~6매 이상 자라면 기다란 막대로 A자형 지주를 세워주거나 터널을 만들어 준 후 식물 네트를 쳐주는 것이 좋다.

초기 성장이 느리지만 기온이 올라가는 6월부터는 하루가 다르게 성장이 빨라진다.

순지르기

수세미는 곁가지에서 암꽃이 많이 핀다. 1m까지는 원줄기에서 나오는 곁가지를 모두 제거하고 그 후는 방임하면서 곁가지를 키우면 많은 열매를 얻을 수 있다.

암꽃.

수꽃.

수확하기

수세미는 파종 후 2개월부터 어린 열매의 수확이 가능하고 성숙한 열매는 3~4개월 후 수확이 가능하다.

초기에는 꽃이 핀 뒤 14~15일, 한여름에는 7~8일 후에 자란 어린 열매(작은 오이 크기)를 식용으로 이용한다.

　섬유질을 이용할 때는 꽃이 피고 90~100일 정도 지나 열매가 갈색이 되면 수확하고, 겉껍질을 벗겨 씨를 뺀 후 사용한다.

　수확 후 껍질을 벗기고 물속에서 주물럭거리면 육질과 씨가 분리되는데 이 과정을 거친 후 말려 사용해도 된다.

　줄기 아랫부분의 늙은 잎은 제거한다. 노화되면서 누렇게 변한 잎은 지저분하기도 하지만 영양분을 소모하고 병이 올 수도 있기 때문에 잘라준다.

수세미 만들기

　천연 수세미를 만드는 방법은 여러 가지가 있다. 보통 바싹 말려 겉껍질을 벗기거나 덜 익은 수세미는 뜨거운 물에 10분 정도 데쳐서 외과피를 제거하면 수세미를 쉽게 분리할 수 있다.

　바싹 마른 수세미의 끝부분을 자르면 내부의 씨앗을 빼낼 수 있다.

　사진과 같이 누런색의 수세미는 수산화나트륨용액이나 락스에 살짝 담가두면 하얗게 표백된다.

　수세미는 건조시켜 다양한 용도로 활용할 수 있다. 천연 수세미이기 때문에 환경과 건강 모두 도움이 된다.

토마토

화분에 청포도 같은 방울토마토 키우기

다수확을 위한 토마토 2줄기 재배법

방울토마토는 토마토보다 크기가 작지만 당도나 맛이 훨씬 좋다.
재배도 쉽기 때문에 채소를 키울 때 선호하는 작물이기도 하다.
또 직접 길러 먹는 토마토는 유통과정이 없어 신선하고 후숙이 아니라
제대로 익은 것을 먹을 수 있기 때문에 특히 영양가와 당도가 높다.

환경 조건

싹트는 온도	28℃
잘 자라는 온도	평균 25~27℃, 낮 25~30℃, 밤 18~20℃, 지온(땅속 온도) 20±2℃ 낮 30℃, 밤 20℃ 이상이나 13℃ 이하에서는 낙과, 열과 및 기형과 발생.
햇빛의 세기	강한 광선을 좋아하는 채소로 햇빛을 충분히 쪼여주는 것이 좋다.
토양 조건	과습에 약하다. 양토 또는 식양토가 최적.
토양 산도	pH 6.0~6.4

 재배 일정

월	1			2			3			4			5			6			7			8			9			10			11			12		
	상	중	하	상	중	하	상	중	하	상	중	하	상	중	하	상	중	하	상	중	하	상	중	하	상	중	하	상	중	하	상	중	하	상	중	하
일정									●					▼					■	■	■	■	■	■	■	■	■									

● 씨뿌리기　▼ 아주 심기　■ 수확

씨앗 파종 시기

모종으로 심을 경우 아파트 베란다 텃밭이라면 4월 중순부터 가능하며, 노지에서는 냉해 피해가 적은 5월이 가장 적당하다.

토마토는 빛과 통풍, 수분 관리가 중요해 씨앗 두께의 2~3배 정도 깊이로 묻어주고 겉흙이 마르지 않도록 수시로 물을 준다.

방울토마토를 파종해 20℃ 이상 따뜻한 장소에 두었다면 파종 후 7~14일 안에 대부분 싹이 나온다. 이때도 수시로 물을 주고 빛이 잘 드는 곳에 두어야 한다.

어느 정도 토마토의 모습이 갖추어지면 옮겨심기를 한다. 건강한 모종을 골라 처음부터 큰 화분으로 옮겨 심는 것이 중요하다.

토마토는 다비성 작물 중 하나로 많은 영양분을 필요로 하는 만큼 퇴비를 많이 넣고 밭을 미리 만들어 놓는 것이 중요하다.

지지대 세우기

토마토는 환경이 좋다면 2m 이상 자라기 때문에 지지대를 세워 상부로 유인해야 한다. 최대한 긴 지지대나 유인줄을 이용해 높게 설치해준다.

토마토의 화방

토마토에서 화방은 꽃이 피는 위치를 말하며 1화방은 아래에서 처음 꽃이 피는 위치를 부르는 명칭이다.

첫 꽃(1화방)은 제거해야 할까?

보통 토마토 첫 꽃은 초기 성장을 위해 제거해준다. 아직은 성장에 매진할 시기인데 꽃을 피우면 영양분이 꽃으로 분산되기 때문에 꽃을 제거해 빨리 성장할 수 있도록 하기 위해서이다.

그러나 화분에서는 수확량의 차이가 크지 않고 중간에 토마토가 죽을 수도 있기 때문에 최대한 열매를 다는 것이 좋은 만큼 제거하지 않아도 된다.

베란다의 토마토 수분 방법

베란다에서 토마토를 키울 때 꽃이 피었음에도 열매를 달지 못하는 경우가 발생하는데, 대부분의 이유가 수분이 되지 않았거나 영양 부족으로 인한 것이다. 토마토 꽃이 활짝 피면 토마토의 가지를 흔들어 주기만 해도 수분이 되며 동시에 외부의 바람이 베란다에 들어올 수 있도록 해서 바람이 토마토를 흔들며 지나가도록 해줘야 한다.

곁순 제거

방울토마토 곁순 제거는 원줄기와 잎 사이에서 나오는 곁순을 제거하는 제일 중요한 작업이다. 토마토는 원대만 길게 키우기 때문에 수시로 곁순을 제거해 준다.

토마토 모종이 제법 자리를 잡았다면 이때부터 본격적으로 곁순을 제거하면 된다.

곁순

토마토는 성장 속도가 빠른 만큼 며칠 간만 곁순을 방치해도 원줄기와 비슷하게 자라게 된다. 그렇게 되면 곁순 찾기가 어려워지는 것도 문제지만 좋은 과실을 많이 맺게 하는 것이 목표라면 불필요한 순과 잎을 제거해서 방울토마토 열매에 영양분이 집중될 수 있도록 미리미리 제거하는 게 중요하다.

적엽작업 (아랫잎 제거)

적엽은 상황에 따라 조금씩 다르지만, 대체적으로 각 화방의 아랫잎 3개가 그 화방을 키워준다고 한다. 그렇기 때문에 꽃이 열매화가 되고 토마토가 어느 정도 굵어졌을 때 아랫잎들을 적엽해주는 것이 좋다.

잎이 햇볕을 가려 그늘지면 토마토가 균일하게 착색하기 어렵고 원활한 통풍을 유지할 수 없어 토마토의 성장에 방해가 되므로 제거한다. 그런데 만약 위쪽이 세력이 약하거나 웃자라는 경향을 보이면 아랫잎을 유지해 주는 것이 좋다.

수확시기

방울토마토 모종을 심은 후 7~8주가 지나면 제1화방에서 방울토마토가 익게 되며 이때가 수확이 시작되는 시기이다.

3주 간격으로 제2, 3, 4화방 순으로 방울토마토가 익어간다.

꽃이 핀 뒤 50일 정도 지나 방울토마토가 숙성색인 붉은색, 노란색으로 변하면 수확할 수 있다. 7월부터 9월까지 계속 수확이 가능하다.

토마토 2줄기 재배법

보통 토마토는 곁순을 제거하며 원줄기만 키우는데 좁은 화분에서 키우기에 알맞은 방식이다. 토마토 전문 농가에선 토마토의 줄기를 2줄기로 키워 생산성을 높인다. 방법은 간단하다. 원줄기에서 3마디가 됐을 때 순지르기를 해주면 된다.

2째와 3째 마디의 곁순을 키워준다.

이 후 재배는 모두 똑같이 진행하며 넓은 장소에서 수확량을 늘리고 싶다면 이 방법으로 키우면 된다.

토마토는 영양도 풍부하고 맛도 좋아 우리나라 사람들이 좋아하는 채소이다. 서양에서는 요리의 재료로 쓰이지만 우리나라에서는 후식 또는 과일 대용으로도 많이 먹는 채소이다.

그런데 왜 토마토는 과일이 아니라 채소로 분류가 될까? 그것은 과일의 정의에 따른 것이다.

과일은 나무에서 딴 것을 말하고 한해살이풀에서 자란 것은 채소로 분류한다. 따라서 한해살이풀인 토마토는 채소이다. 그리고 수박과 멜론, 참외도 한해살이풀이기 때문에 채소이다.

청경채

화분에서 청경채 키우기

청경채는 주로 중국요리에 많이 등장하지만 최근 우리나라에서는
쌈채소로 사랑받는 채소이다. 청경채는 아삭아삭한 식감이 특징으로,
볶음요리에도 많이 이용되고 있다.
서늘한 지역에서는 연중재배가 가능하지만 우리나라에서는 봄과 가을에 재배가
가능하며 비타민C와 식이섬유가 풍부해 피부미용과 체중 관리에 좋은 채소이다.

* 봄과 가을 재배도 가능하지만 관리 조건이 붙기 때문에 여기에서는 봄 재배를 중심으로 설명했다.

환경 조건

싹트는 온도	15~20℃
잘 자라는 온도	낮 20~25℃
햇빛의 세기	상추를 키울 수 있는 햇빛이면 충분하다.
토양 조건	유기질이 풍부한 토양에서 연하게 잘 자란다. 통풍이 잘 되고 햇볕이 잘 드는 배수가 양호한 곳이 좋다.
토양 산도	pH 6.5~7.0

 재배 일정

월	1			2			3			4			5			6			7			8			9			10			11			12		
	상	중	하	상	중	하	상	중	하	상	중	하	상	중	하	상	중	하	상	중	하	상	중	하	상	중	하	상	중	하	상	중	하	상	중	하
일정												●—	—	—	—	—	—	■	■	■						●—	—	—	—	—	—	■	■	■	■	■	■

● 씨뿌리기   ■ 수확

씨뿌리기

청경채는 서늘한 기후를 좋아해서 봄·가을 재배가 가능하다. 청경채를 재배할 때는 씨앗으로 파종해도 되고, 모종을 구입해서 심어도 된다.

둘 중 하나를 고르라면 모종을 구입해서 심는 방법을 추천한다.

이유는 단순하다. 청경채는 벌레들이 좋아하는 작물이기 때문에 파종해서 떡잎이 보일 때부터 초기 피해가 심한 만큼 가급적 모종을 구입해서 심는 것이 초기 피해를 피해갈 수 있다.

파종하는 방법은 다음과 같다.

모종판에 2~3립 파종한다. 파종 후 발아까지는 3~4일 정도 걸리므로 토양이 건조해지지 않도록 물을 주어야 한다.

파종한 뒤 본잎이 3매 정도 나올 때까지 키워서 정식한다. 밭의 상황에 따라 정식 시기는 조절하는 것이 좋다.

정식 시기를 맞추지 못하고 너무 늦어지게 되면 좁은 공간에서 모종이 자라기 때문에 연약하게 웃자라 병해충에 감염될 위험이 높고, 뿌리 내림이 지연되어 초기 생육도 억제가 된다.

물 주기

청경채는 정식 후 활착을 위해서는 적절한 물 주기를 해야 한다. 고온 건조기에는 잎에 생리장해인 칼슘결핍이 나타나므로 물 관리를 잘 해주어야 한다.

한 여름 재배인 경우에는 저녁 무렵에 정식하고 정식 후 3~5일은 뿌리가 활착할 수 있도록 뜨거운 햇볕을 피해 반그늘에 둔다.

배수가 불량한 토양에서는 병해가 발생하기 쉽고 질소비료를 많이 주면 세균성 썩음병이 발생하기 쉽다.

수확하기

파종에서 수확까지 계절별 기간을 정리하면 겨울에는 90~120일, 봄·가을에는 60일, 여름에는 40~45일 정도이며 밑둥을 잘라 포기 전체를 수확한다.

고추

화분에 오이맛 풋고추 키우기

모종 홍고추 키우기

고추는 한해살이 가지과 식물로 우리나라의 대표적인 양념재료다. 우리나라 사람들은 매운 음식을 먹으면 스트레스가 발산된다며 많은 매운 음식을 즐기는데 이는 사실이다. 고추의 캡사이신 성분은 대뇌를 자극해 자연 진통제인 엔트로핀을 분비하도록 하며 이는 스트레스 해소에 탁월한 효능이 있다고 한다.

환경 조건

싹트는 온도 25~32℃ (적어도 20℃ 이상은 되어야 함)

잘 자라는 온도 낮 25~30℃, 밤 18~20℃ (10℃ 이하는 생육 정지)

토양 조건 수분을 잘 보유하고 물 빠짐도 잘되는 양토 또는 식양토가 좋음.

토양 산도 토양 적응범위는 넓은 편으로 pH 6.1~7.6 범위나 6.5 정도의 중성 토양이 적당.

 재배 일정

월	1			2			3			4			5			6			7			8			9			10			11			12		
	상	중	하	상	중	하	상	중	하	상	중	하	상	중	하	상	중	하	상	중	하	상	중	하	상	중	하	상	중	하	상	중	하	상	중	하
일정					●								🟧						🟩	🟩	🟩	🟥	🟥	🟥	🟥	🟥	🟥	🟥	🟥	🟥						

● 씨뿌리기   🟧 아주 심기   🟩 풋고추 수확   🟥 풋고추 및 홍고추 수확

씨뿌리기

양파망에 씨를 넣어 미지근한 물에 10시간 정도 담갔다가 꺼낸 뒤 트레이에 원예용 상토를 채운 후 씨를 뿌리고 상토로 덮어준다. 그 위에 충분히 물을 준다.

고추 모종을 기르는 기간이 길기 때문에 심는 시기에 맞춰 모종을 키워야 한다.

고추 모종 육모는 온도, 햇빛, 수분이라는 이 세 가지가 기본 사항이다.

한낮에 기온이 30℃가 넘어가면 고춧잎이 열해를 입어 타죽는 경우가 발생하며, 야간엔 기온이 10℃ 이하로 떨어지지 않도록 온상, 보온에 신경 써줘야 튼튼하게 키울 수 있다.

고추씨.

가식(이식)

만약 트레이에 파종하지 않고 흩뿌림으로 씨앗을 파종했을 경우 3월에 모종이 3cm 정도 자랐을 때 트레이에 가식한다.

트레이에 가식한 모종.

모종 가식 시기는 파종 후 30~40일, 본엽이 2~4매 나온 3월 1~5일 사이가 적당하다. 모종이 너무 많이 자라면 가식 작업 후 뿌리 활착도 잘 안 되고 줄기가 마를 수 있다.

4월경 요소를 2L 생수병에 6g 정도 연하게 타서 희석해 일주일에 한 번씩 2주 동안 준다.

4월 말 고추 모종에서 방아다리가 벌어지고 꽃망울도 하나씩 보이기 시작하면 본밭 옮겨심기 준비를 한다.

5월 5일 이후에 고추 옮겨심기를 하면 되는데 미리 일주일의 기온을 체크해서 냉해피해를 예방한다.

본엽 2매.

고추 모종.

고추모를 기르는 일은 손이 많이 가고 어렵기 때문에 소규모 텃밭을 가꾸는 분들은 시장이나 종묘상에서 모종을 구입해 심는 게 더 유리하다.

좋은 고추 모종의 조건

1. 떡잎이 살아 있어야 한다.
   떡잎이란 씨앗에서 바로 발아된 아래 두 잎을 말한다.
   첫 고추가 열릴 때까지 떡잎이 영양 보충을 해준다.
2. 웃자라지 않은 20-25cm 정도의 모종이 가장 좋으며 30cm 이하로 구입

한다.
3 꽃눈이 형성되어 있어야 한다.
꽃눈이 형성되어 있을 때가 옮겨심기 최적기다.
4 뿌리가 잘 뻗어 있고 잔뿌리가 풍성해야 한다.

고추 꽃눈.

뿌리는 흰색이고 풍부해야 빨리 착근이 이뤄진다. 오래된 갈색의 뿌리는 화분에 옮겨 심으면 다시 새 뿌리를 내리는 기간이 필요해진다.
5 잎사귀에 충이나 병반이 없어야 한다.
모종이 자라는 동안 잎사귀에 진딧물의 피해나 균 계통의 병반이 없어야 한다.

아주심기

정식 시기 남부 4월 하순~5월 상순 / 중부 5월 상순~중순

몇 년 동안 봄 기온이 높아 고추 정식일이 빨라지면서 일찍 심는 경우가 있는데, 낮기온이 높더라도 밤기온과 갑작스러운 늦서리가 찾아올 수도 있으니 조심하자.

4월 하순 고추 모종에서 방아다리가 벌어지고 꽃망울도 하나씩 보이기 시작하면 화분 옮겨심기 준비를 한다.

5월 5일 이후 고추 옮겨심기를 해주면 되는데 미리 일주일

5월 5일 고추 정식.

기온을 체크해서 냉해피해를 예방한다.

고추는 뿌리가 약 40cm까지만 분포하는 천근성 작물로 정식 시 너무 깊이 심으면 활착이 늦고 세균이 침투할 수 있으며, 너무 얕게 심으면 건조 피해를 받을 수 있으므로 물을 듬뿍 주고 표토에서 모종의 상토가 살짝 덮히는 정도가 바람직한 심기이다.

곁순 발생.

텃밭에 고추를 심었다면 뿌리의 활착이 안 되어 약한 바람에 쓰러지기 때문에 심은 후 가급적 바로 묶어 주는 게 좋다.

곁순 제거

곁순은 정식 20일 후쯤 제거하기 시작한다.

고추는 방아다리라는 곁가지가 생기면서 커간다. 방아다리에서 꽃이 보이고 방아다리 아래 잎에도 곁순이 나오기 시작하면 잎은 그대로 두고 아래 곁순은 제거한다. 물론 그 곁순에도 방아다리가 생기고 열매가 열리긴 하지만 곁순이 자라 곁가지가 되면 공기 순환이 취약해 병 발생이 증가한다.

잎을 제거하지 않고 두는 까닭은 잎이 많지 않은 어린 나무이기 때문에 광합성을 할 수 있도록 하기 위해서이다.

이후 방아다리 위에 고추가 열리고 가지와 잎이 풍성해져 그늘이 지면 광합성에 도움이 되지 않게 된 아랫잎이 서서히 노랗게 시들어 가게 된다. 그때 제거하면 된다.

방아다리 꽃 제거에 관해

요즘 방아다리 꽃은 빨리 제거해주는 게 좋다는 의견들이 나오고 있다.

방아다리는 디딜방아의 다리 가지에서 유래된 말로 고추 정식 후 원줄기 1차분지에 제일 먼저 첫 번째 꽃이 달려 수정이 되면 고추가 달리게 된다.

대게 방아다리는 1~3개 정도이고 품종에 따라, 환경에 따라 더 열리기도 한다.

첫 번째 꽃을 따줄 경우 열매로 영양분을 보내지 않고 잎과 가지로 보내 성장을 촉진시켜 다수확을 할 수 있다고 한다.

고추 방아다리는 디딜방아의 다리 가지에서 유래된 말이다.
고추는 방아다리 사이에 열린다.

방아다리 첫 번째 고추 꽃은 꼭 제거해야만 할까?

방아다리의 고추 꽃을 따야 하는지 그냥 둬야 하는지에 대한 의견들이 분분해 오랜 기간 농사를 지어온 농부에게 질문했더니 따줄 필요가 없다는 대답이 돌아왔다.

대규모 고추 농사를 한다면 첫 번째 방아다리 꽃을 제거하는 것은 인건비에 비해 비효율적이다. 하지만 한평 텃밭이나 화분에 키운다면 쉽게 관리가 가능하니 제거한 뒤 키워도 무방하다.

처음엔 제거한 방아다리와 차이를 보이지만 6월부터 제거하지 않은 고추와 성장세가 큰 차이 없이 비슷해지기 시작한다.

1분지의 방아다리를 제거하지 않은 고추.

방아다리를 제거한 고추.

웃거름

일반적 정식 후 25~30일 내에 추비를 준다.

1차 추비는 아직 뿌리가 많이 뻗어 나지 않았으니 요소 비료 10g 정도를 준다.

일기예보를 보고 비오기 하루 전 비료를 주거나 비가 올 때 주면 흙에 쉽게 녹아 스며들어 간다.

NK비료 5g.

요소비료는 공기 중으로 날아가기 때문에 흙을 덮어준다.

2차 추비는 1차 추비를 하고 25일쯤 지나 NK비료를 10g 정도 준다.

베란다, 텃밭, 화분 등에서 소량 재배한다면 종류별 비료를 구비하기가 쉽지 않으므로 추비를 줄 때마다 복합비료를 줘도 된다.

3, 4차 추비는 25일 이후 NK비료를 준다.

추비를 꼭 25일 주기로 하는 것보다는 작물의 상황을 관찰하며 비가 오기 전에 해주면 좋다.

수확 후 관리

풋고추는 꽃이 피고 15~20일이 지나 6월 중순~6월 하순에 딸 수 있지만, 홍고추는 45~50일 정도 지나 착색이 완료되는 7월 하순부터 5~10일 간격으로 3~4회 더 수확할 수 있다.

과실을 맺고 시일이 지나 자라는 온도가 높을수록 매운맛이 강하다.

풋고추를 딸 때는 되도록 밑의 풋고추를 따고 위의 것은 붉게 익도록 내버려 둔다.

풋고추.

풋고추와 홍고추.

9월이 되면 쌀쌀해져 고추가 더 붉어지지 않으므로, 고춧잎새를 따서 음식 재료로 쓰고 고춧대는 뿌리 채 뽑는다.

고춧대는 그 자체가 유기물이므로 가을에 잘게 부수어 내년에 사용할 수 있게 퇴비작업을 해놓으면 좋다.

병충해

주요 병해 갈색점무늬병, 역병, 탄저병, 세균좀무늬병, 잿빛곰팡이병, 흰가루병

주요 충해 목화진딧물, 응애, 노린재, 총채벌레, 담배나방

담배나방이 구멍을 뚫은 모습.

5월에 심는 채소

텃밭 농사를 한다면 5월은 가장 바쁘고 중요한 달이다. 심어야 할 작물이 많고 가꿔야 할 작물도 많은 5월이다.

씨앗부터 시작한다면 4월은 파종해 키우기 위한 시간들이고 시판되는 모종으로 텃밭을 시작한다고 해도 5월은 한해의 작물을 대부분 심고 가꾸는 시기인 것이다. 가을까지의 밥상을 풍성하게 해줄 5월의 주요 작물은 다음과 같다.

가지
5월 상순

열무
5월 상순

깻잎
5월 상순

그 외에도 5월에 준비해야 할 작물(모종의 경우 포함)로는 고추, 옥수수, 비트, 대파, 오이, 브로콜리, 애호박, 토마토, 양배추, 수박 등이 있다.

가지

화분에 2포기만 키워도 풍성한 가지 키우기

눈 건강과 피로 회복에 탁월한 효능을 보이는 가지는 한 그루만으로도 수확할 수 있는 양이 많이 나오는 만큼 화분 하나로 가을까지 충분히 즐길 수 있다. 그래서 가지를 정말 좋아해서 매일 다양하게 요리하는 가정이 아니라면 4인 기준으로 화분에 모종 하나만 심어도 충분하기 때문에 여러 그루를 심을 필요 없는, 작물 재배의 만족도가 높은 채소이다.

환경 조건

싹트는 온도	28~30℃
잘 자라는 온도	낮 22~30℃ 17℃ 이하면 생육이 떨어지고 7~8℃ 이하에서는 저온피해를 입게 되며, 특히 서리에 약하다.
햇빛의 세기	빛의 양에 큰 영향을 받지는 않으나, 햇빛을 충분히 쪼여주는 것이 좋다.
토양 조건	토양에 대한 적응력이 상당히 좋아 통기성과 수분 함량이 충분한 토양이라면 어디서든 재배 가능.
토양 산도	pH 6.0~7.0

 재배 일정

월	1			2			3			4			5			6			7			8			9			10			11			12		
	상	중	하	상	중	하	상	중	하	상	중	하	상	중	하	상	중	하	상	중	하	상	중	하	상	중	하	상	중	하	상	중	하	상	중	하
일정																																				

● 씨뿌리기   ▬ 모종심기   ▬ 수확

가지는 햇볕이 잘 드는 가장자리에 심어두면 서리 내릴 때까지 수확이 가능하다.

가지를 이용한 요리는 버터에 튀기거나 오븐에 굽거나 살짝 데쳐서 무치는 등 다양한 만큼 여름부터 늦가을까지 맛있게 즐겨보자.

씨뿌리기

가지 씨앗은 싹이 트는데 비교적 많은 시간이 필요하므로, 미리 씨앗의 싹을 틔워 파종하는 것이 좋다.

30℃ 정도의 따뜻한 곳에 습한 상태로 두면 어린 싹이 보인다.

트레이에 원예용 상토를 80~90% 정도 채운 뒤 싹이 튼 씨를 뿌리고 씨앗이 보이지 않을 정도로 상토를 덮어준 후 물을 충분히 주고 신문지로 덮어주면 6~7일 후 발아하기 시작한다.

가지 모종을 키우기 위해서는 약 2~3달 정도의 기간이 소요되므로 오랜 시간 관리가 어려운 상황이라면 모종을 구입해 정식하는 것을 추천한다.

모종심기

4월 중순부터 모종을 판매하지만 너무 일찍 심을 경우 냉해에 취약하니 5월에 가지를 심어준다.

모종에 붙어 있는 상토는 최대한 떨어지지 않게 하고, 심을 때 너무 깊게 심지 말고 모종의 흙이 약간 보일 정도로 흙을 덮은 뒤 물을 충분히 준다.

방아다리 꽃 따기

가지 재배는 특별한 기술이나 주의가 필요하지는 않지만 초기 첫 꽃과 곁순을 제거해 최대한 원대를 키워주는 것은 중요하다.

첫 꽃이 피고 Y자로 갈라지는 방아다리 아래의 잎 사이에서 발생하는 곁순을 제거해준다.

방아다리 첫 꽃 제거.

곁순 제거.

지주대 세우기

가지 모종을 심은 다음 150cm 정도의 대나무, 각목, 플라스틱 등을 이용한 막대를 세우고 부드러운 비닐끈으로 가지 줄기를 묶어 준다.

가지는 햇빛을 좋아하는 작물이기 때문에 가지를 넓게 벌려 햇빛을 잘 받도록 해준다.

잎 따기

햇빛을 잘 받고 바람이 잘 통해 병에 걸리지 않고 튼실한 가지를 생산할 수 있도록 사진과 같이 아랫잎을 제거해준다.

만약 생리장해를 입은 잎이나 병든 잎 그리고 늙은 잎이 있다면 바로 제거해주도록 한다.

물 관리

여름에 비가 내리지 않을 때는 보통 1~2일 간격으로 물을 준다. 비가 자주 내릴 때는 물이 잘 빠지도록 관리해준다.

토양에 물이 너무 많으면 가지의 뿌리가 썩고 병 발생도 많아진다.

수확하기

수확은 품종 및 온도에 따라 차이가 있지만 보통 개화 후 10~20일경부터 가능하다. 너무 익으면 쓴맛이 생기고 맛이 떨어지므로 20일을 넘기지 않도록 하는 것이 좋다.

가지를 수확하지 않으면 꽃이 피지 않아 새로운 가지가 열리지 않기 때문에 맛있는 가지를 많이 먹기 위해서라도 바로바로 수확해야 한다.

가지는 혈액 순환 개선에 효과적이고 항산화 작용을 하며 열량이 낮아 다이어트에도 도움이 된다. 또한 빈혈과 눈 건강, 뼈에 좋은 대표적인 채소이기도 하다. 뿐만 아니라 탈모 예방과 체액 저류 치료에도 큰 도움이 된다고 한다.

이처럼 우리 몸에 좋은 영양소가 가득 들어 있음에도 가지를 좋아하지 않는 사람이 많은데 전통적인 요리 외에도 버터에 굽거나 치즈를 올려 오븐에 구우면 맛있는 요리가 된다. 따라서 좋아하는 요리법을 찾아 맛있게 건강하게 먹어보자.

깻잎

화분에 나무처럼 큰 깻잎 키우기

들깨는 가정에서 깻잎을 먹는 것이 목적이라면 몇 포기만 심어도 충분하다.
봄에 파종하여 여름철까지 잎을 수확해 먹을 수 있으며
한 그루당 수확량을 최대한 늘리기 위해서는 큰 화분에 단독으로 심는 것이 좋다.
쌈채소이기도 하지만 깻잎 무침과 절임 등
다양한 요리가 가능하니 잘 키워보자.

환경 조건

싹트는 온도	10~25℃
잘 자라는 온도	낮 15~25℃, 밤 5℃ 이상 17℃ 이하이면 생육이 떨어지고 7~8℃ 이하에서는 저온피해를 입게 되며, 특히 서리에 약하다.
햇빛의 세기	호광성 작물이므로 빛을 잘 받을 수 있게 하는 것이 중요하다.
토양 조건	토양은 그다지 가리지 않으며, 양토나 사질양토가 적당. 흡비력이 강하다.

 재배 일정

월	1			2			3			4			5			6			7			8			9			10			11			12		
	상	중	하	상	중	하	상	중	하	상	중	하	상	중	하	상	중	하	상	중	하	상	중	하	상	중	하	상	중	하	상	중	하	상	중	하
일정										●																										

● 씨뿌리기　■ 수확

씨부리기

작은 텃밭에서는 참깨보다는 들깨를 많이 재배한다. 참깨는 참기름을 짜기 위한 목적이므로 많은 양을 심어야 하는데 쌈채소와 무침, 절임용이 목적인 들깨는 잎들깨 전용 씨앗을 파종하거나 모종을 구입해 이른 봄부터 심어 키우면 된다. 들기름이 목적이면 봄 작물 수확 후 심는 것이 일반적이다.

잎들깨는 봄 파종 시 늦서리 걱정이 없는 5월에 심는 게 좋다. 파종 방법은 다음과 같다.

각 트레이에 5-6립 정도 넣고 얇게 묻는다. 발아율이 나쁘지 않기 때문에 6~10일 정도면 싹이 나오기 시작한다.

5cm 정도 자랐을 때 1주만 남기고 솎아주거나 심은 식물이 죽거나 상했으면 보충해서 심어준다.

물 관리

약간 촉촉할 정도로 물기가 있도록 관리하고 토양 표면의 색이 하얗게 되면 물을 주어 시들지 않게 한다.

장마철이 되어서 너무 무성하면

병에 걸리기 쉽기 때문에 중간에 드문드문 솎아주어 자리를 넓혀주면 병충해를 줄일 수 있다.

순지르기

들깨를 방임재배하면 1.5~2m까지 자라 비바람에 쓰러지고, 곁가지가 많이 생기지 않으므로 순지르기를 해서 곁가지가 많이 나올 수 있도록 도와준다.

8월 중순경 들깨가 1m 정도까지 자라면 들깨의 생장점을 반 뼘 정도 아래 부분에서 잘라준다.

만약 쌈채소로 깻잎을 먹는 것이 목적이라면 순지르기를 하지 않아도 무방하다.

수확하기

깻잎은 9월까지 수확할 수 있으며 봄부터 큰 잎을 수확하면 새로운 잎이 돋아나므로 계속 수확이 가능하다.

파종 후 봄에는 40~50일, 여름 파종은 40일이면 수확이 가능하다.

여름철에는 봄보다 약간 작은 잎 상태로 수확하며 보통 잎이 손바닥 크기만큼 자랐다면 수확하기 좋은 상태다.

한꺼번에 전부 수확하면 나무가 연약해지면서 병에 걸리기 쉽다.

깻잎을 수확할 때는 아래 첫 마디부터 계속 따 주면서 덜 펴진 상위 2-4잎은 남겨두고 그 아래의 잎을 수확한다.

씨받이

초가을이 되면 겨드랑이에 꽃이 보이기 시작하고 잎이 작아지며 맨 위에는 더 이상 새로운 잎이 나오지 않게 된다. 낮의 길이가 짧아지면 꽃눈이 생기고 꽃이 피게 된다.

가을철에 씨앗을 받아서 다음해 다시 이용할 수 있다.

8~9월에 심는 재소

  8월 하순을 넘기면 여전히 한 낮의 기온은 높지만 어느 순간 더위가 한 풀 꺾여 가을이 가까워 졌다는 걸 느끼기 시작한다.

  아직 덥다고 생각하겠지만 가을농사를 생각해야 하는 아주 중요한 달이다.

  가을은 온도가 점점 내려가고 일조량은 줄어들어 작물에 필요한 생육기간이 짧다. 8월은 이런 가을 특성에 맞게 각종 가을재배 농작물을 준비하는 시기이면서 다가올 겨울을 준비하는 시기이기도 하다. 이에 따라 파종시기를 놓치면 수확하기가 어렵다.

  화분재배는 8, 9월 마지막 재배를 마무리 하는 것이 좋다. 왜냐하면 텃밭과 다르게 화분은 지상에 노출되어 있어 추위에 얼어버리거나 마늘과 같은 월동 작물을 키우기엔 관리도 어렵고 생산성이 낮다. 따라서 재배를 계속 이어가기보다는 10월과 11월 작물 수확에 중점을 두는 것이 더 합리적이다.

 **무우**
8월 중순

 **배추**
8월 중순

 **쪽파**
8월 중순

 **봄동**
9월 중순

그 외에도 8월에 준비해야 할 작물로는 시금치, 콜라비, 알타리무, 상추, 열무, 대파, 비트 등이 있다.

김장무

화분에 씨앗으로 김장무 키우기

무는 우리 식탁에 빼놓을 수 없는 식재료로 다양하게 활용된다.
가을 재배의 대표작물이기도 한 김장무는 여름에 준비하기 때문에
뜨거운 날씨에 키우는 것이 쉽지는 않다.

환경 조건

싹트는 온도 15~34℃ (40℃ 정도에서는 발아하지 못함)

잘 자라는 온도 17~23℃ (어릴 때 18℃, 뿌리 비대기 21~23℃)
−12℃ 이하의 저온을 일주일 이상 연속 경과하면 추대하여 상품 가치가 없어진다.

햇빛의 세기 강한 빛을 좋아하며 뿌리가 굵어지는 시기에 햇빛이 부족하면 수량이 적어진다.

토양 조건 토양이 깊고 보수력과 물 빠짐이 잘 되며 가벼운 토양이 좋다.

토양 산도 pH 5.5~6.8 정도의 중산성을 좋아한다.

 재배 일정

월	1			2			3			4			5			6			7			8			9			10			11			12		
	상	중	하	상	중	하	상	중	하	상	중	하	상	중	하	상	중	하	상	중	하	상	중	하	상	중	하	상	중	하	상	중	하	상	중	하
중부																						●								수	수					
남부																								●								수				

● 씨뿌리기   ▨ 수확

씨뿌리기

김장 무는 모종을 정식하기보다는 씨앗을 구입해 파종한다.

모종으로 키운다면 옮겨 심는 과정에서 뿌리가 구부러지지 않고 반듯하게 심어야 하며 뿌리가 쪼개져 자라게 되면 상품성이 떨어지게 된다. 따라서 직접 씨를 뿌려 키우는 즉 직파하는 것이 좋은 작물이다.

김장 무를 심는 방법은 크게 줄뿌림과 점뿌림이라는 두 가지가 있다.

줄뿌림을 했을 경우 비닐멀칭이 어렵기 때문에 씨앗을 심고 발아한 싹을 키워 중간중간 솎음해주며 키워야 하고 점뿌림은 비닐멀칭을 하는데 이때 씨앗끼리의 간격을 1~2cm 띄워 파종한다.

무는 발아율이 아주 좋은 작물로, 파종 후 흙을 덮어주고 물을 흠뻑 주면 4~5일 안에 싹이 난다.

무 씨앗.

점뿌림.

줄뿌림.

솎아내기

1차 솎기는 본잎이 3~4매 나오면 5~10cm 정도 포기 간격을 두고 솎아낸다.

1차 솎기를 할 때는 구멍당 3포기만 남기고 모두 솎아낸다. 이때는 성장이 부실하거나 벌레가 많이 먹은 것을 중점으로 솎아낸다.

튼실한 한 주만 남기고 솎아내기.

2차 솎기는 본잎이 5~6매 나왔을 때 20~25cm 정도 간격을 두고 솎아내기를 한다. 본잎이 5~6장일 때나 파종일로부터 2주가 지나면 가장 튼실한 무 싹 하나만 남기고 모두 솎아낸다. 텃밭이나 화분이나 한 주만 남기는 것은 동일하다.

물 관리

김장 무는 물을 좋아하는 작물이기 때문에 생육 초기에서 중기까지 물 주기가 정말 중요하다.

물을 잘 주면 크기도 커지고 매운맛이 줄어들며 아삭한 맛이 강해진다. 혹시 빗물을 받아둘 수 있다면 받아두었다가 사용해도 좋다. 식물을 오래 키운 사람이라면 빗물의 가치가 보약에 해당된다는 것을 경험해봤을 것이다.

청벌레 관리

가을에 재배하는 무와 배추는 청벌레 피해가 많은 작물이다. 평소에는 그저 아름다운 나비지만 흰나비의 애벌레는 잎을 갉아 먹어 작물이 제대로 성장하지 못하게 한다.

흰나비의 애벌레(청벌레).

잎을 갉아 먹는 청벌레.

보통 텃밭에서는 한랭사로 나비의 접근을 막지만 가정에서는 페트병을 이용해 나비의 접근을 막을 수 있다.

하엽정리

김장무는 생육 후기에 저온다습하면 아랫잎부터 병이 발생한다. 통풍을 위해 노랗게 변한 잎은 정리해준다.

수확하기

김장용 무는 씨앗 파종 후 70~100일 정도면 수확이 가능하다. 8월 말이나 9월 초에 김장무를 파종했다면 11월 초~중순 수확하면 가장 맛있는 김장무가 된다.

너무 일찍 수확하면 품질이 떨어지고, 늦게 수확하면 동해(추위로 인한 피해)를 입어 오래 저장할 수 없으니 적당한 시기에 수확해야 맛있고 좋은 무를 얻을 수 있다.

맛있는 김장 무는 보통 모양이 곧고 잔뿌리가 없으며 표면이 하얗고 매끄러운 것이 좋다. 들었을 때 묵직하고, 살짝 눌렀을 때 단단함이 느껴져야 좋은 무다.

무의 윗부분에 나타나는 녹색이 전체 크기의 1/3 정도라면 잘 자라서 좋은 영양소가 듬뿍 담긴 무다.

배추

화분에 김장배추 키우기

우리나라 사람들이 무, 고추, 마늘과 함께 가장 사랑하는 채소인 배추는 수많은 음식의 재료로 이용되며 그만큼 다양한 품종이 재배되고 있다.
재배기간에 따라 봄, 여름, 가을, 겨울배추로도 나눌 수 있으며
칼슘, 칼륨, 비타민, 무기질 등의 영양소가 풍부하다.

환경 조건

싹트는 온도	15~34℃ (40℃ 정도에서는 발아하지 못함)
잘 자라는 온도	18~20℃
결구가 잘 자라는 온도	15~18℃ 12℃ 이하의 저온을 일주일 이상 연속 경과하면 추대가 올라온다.
토양 조건	가벼운 토양, 깊이가 있는 토양, 보수력과 물 빠짐이 좋은 토양.
토양 산도	pH 5.5~6.8이 알맞으며 산성토양에서는 석회 결핍증과 무사마귀병 발생.

 ### 재배 일정

월	1			2			3			4			5			6			7			8			9			10			11			12		
	상	중	하	상	중	하	상	중	하	상	중	하	상	중	하	상	중	하	상	중	하	상	중	하	상	중	하	상	중	하	상	중	하	상	중	하
일정																							●			▬ ▬		■					■			

● 씨뿌리기   ▬ ▬ 모기르기   ■ 아주심기   ━━ 생육   ■ 수확

씨 뿌리기

8월 삼복더위에 김장배추와 무 심을 준비를 한다. 가을은 이렇게 여름부터 시작된다.

배추 씨앗은 점뿌림으로 1cm, 광 발아 씨앗이므로 흙 속 깊이 묻으면 싹이 올라오지 않는다.

2~5일이면 싹이 틀 것이다.

2~3립 정도의 씨앗을 약간의 간격을 두고 파종한다.

싹이 튼 후 솎아낼 때 모가 함께 뽑히지 않도록 주의한다.

낮 온도가 25℃ 이상이 되지 않도록 관리하며 키우다가 20~25일이 되면 화분으로 옮긴다. 모가 늙으면 활착 등 생육이 나빠지기 때문에 기간을 넘기지 않는다.

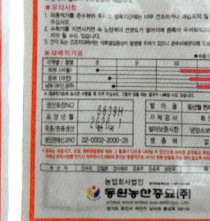

배추 씨앗과 씨앗 특성.

파종 후 4일째.

파종 후 13일째.

본엽이 2매 전개될 때 2~3주를 남기고 1차 솎아내고, 본엽이 4~5매 전개했을 때 1주만 남기고 솎아준다.

배추 모종은 4~5cm 정도 큰 후 본잎이 3~5장일 때 화분에 옮겨 심는다.

솎아주기.

바람과 햇볕이 잘 들게 하면 자라는데 좋다.

키우기

가을배추는 8월 초~중에 포트에 씨를 뿌려 모를 기르고 본엽이 약 5매 정도 자랐을 때 8월 하순~9월 초에 밭(화분)에 옮겨 심는다.

배추는 직파로 심으면 잎이 두껍고 거칠어진다. 또 어릴 때 벌레로부터 병충해를 예방하기가 힘들기 때문에 모종을 구입해서 심는 것이 좋다.

낮에 모종을 심으면 뜨거운 햇볕에 금방 시들어버리니 가능하면 오후에 작업하는 것이 좋다. 구덩이를 파고 물을 많이 준 뒤 모종 깊이만큼 심어준다.

배추 모종.

아주심기.

노지 재배라면 이랑은 60~90cm 고랑은 30cm로 비닐멀칭한다.

열간 거리는 60cm, 포기는 40~45cm 간격을 두고 심어야 초기 생육이 왕성해 결구가 좋아진다. 좁게 심으면 서로 부딪치게 되면서 그 크기만큼 결구해버려 통이 작은 배추가 된다. 넓게 심으면 배추잎들이 퍼지면서 자란 다음에 결구가 되므로 통이 큰 배추를 얻을 수 있다.

노지 텃밭에는 보통 4~5일 간격으로 물을 주지만 화분의 경우 1~2일 간격으로 준다.

가을 재배의 경우 생육 초기에 온도가 높아 벌레가 많이 생기므로 진딧물, 벼룩잎벌레, 배추흰나비, 달팽이 등을 잡아줘야 한다.

결구 진행 중 진딧물 발생.

생육 초기 잎이 연할 때 벌레가 많이 생기는데 결구 진행 중 안으로 벌레가 들어가면 수확하기 어려운 경우도 발생하니 초기에 방제하는 것이 중요하다.

결구가 진행 중일 때는 주변 화분에서 떨어진 낙엽은 제거 한다. 제거 하지 않으면 결구가 된 상태에서 낙엽이 안에서 썩 으면 그 주변의 배추 또한 썩어 들어가기 때문이다.

결구 진행 중 떨어진 낙엽은 제거.

배추 결구가 안 되는 주요 원인

1 너무 늦게 심을 경우 (8월 20일 ~ 9월 초경이 적기)
2 가뭄이 심하여 토양 수분이 부족할 경우
3 퇴비가 부족한 경우

밭을 만들 때 밑거름을 충분히 주고 성장을 봐 가며 웃거름과 물을 충분히 주어 잎수를 늘리고 크기를 키워준다. 밑거름이 부족하다면 배추를 심고 10일 경과 후(활착 완료) 포기마다 웃거름을 주면 결구는 물론 작황도 좋아진다.

배추 속을 꽉 채우고 싶다면 모종을 심고 25일 전후 결구(배추포기가 들 때)가 시작되는 시기에 물을 충분히 주면 된다. 이 시기에 배추는 가장 많이 물을 필요로 한다.

물 관리

생육 초기에 물이 부족하면 생육이 억제되어 수확량이 급격히 감소한다.

파종 후 40~50일경까지는 결구 초기로 가장 많은 물이 필요한 시기이다.

아주심기 후 20~30일이 지나면 9월 하순부터 10월 상순

결구가 된 배추.

무렵인데 이때가 가장 왕성하고 한창인 때로 배춧잎이 많아져 결구가 시작된다.

결구란 잎이 겹쳐지며 둥글게 속이 드는 것으로, 배추는 이 시기에 가장 많은 물을 필요로 하기 때문에 이때는 흙이 마르지 않도록 물 관리를 한다.

웃거름

정식 후 보름 후에 1차 추비, 또 보름 간격으로 2, 3차 추비를 해주고 4차 추비는 생육상태가 불량하거나 결구 상태가 미흡할 때 준다.

1. 1차 정식 후 15일 정도에 1차 요소비료를 시비.
2. 2차 본잎 12~15매 분화했을 때 복합비료 또는 NK비료 시비
3. 3차 결구 초기 복합비료 또는 NK비료 시비
4. 4차 결구가 50% 이상 되었을 때 배추의 생육상태를 보고 결정

2차 복합비료.   3차 NK비료.

질소질 비료를 많이 줄 경우 배추에서 쓴맛이 나고, 무를 수 있으니 주의가 필요하다.

배추통을 크게 하려면 배추 심는 간격을 넓게 하며, 초기 영양 관리를 잘해야 된다.

배추 묶어주기

밑거름, 웃거름, 물주기를 잘해서 충분히 큰 배추로 성장했다면 묶어주지 않아도 된다.

대부분 품종 개량한 결구배추로, 일찍 수확하는 김장배추는 묶지 않아도 된다.

일부 늦게 수확하는 배추 즉 겨울배추를 묶어주는 이유는 11

묶어주기.

월이라 해도 갑자기 기온이 －3℃로 떨어지고 서리가 내릴 수 있는데 이때 보온 유지 및 속잎이 망가지는 것을 방지하기 위해서다.

묶어주기는 선택사항이다. 묶을 땐 짚이나 노끈으로 배추의 겉잎을 감싸 안아 중간 또는 그 위쪽을 묶어준다.

수확

파종 후 품종에 따라 70~90일부터 수확이 가능하며 수확 시기는 11월 초~12월 초순으로 김장철까지 오래 두어도 품질에 변화는 생기지 않는다.

10월 노지 텃밭에서 자라는 배추와 무.

배추 수확.

김장 준비.

미량원소 결핍증

1. 석회 결핍

증상 형성기 이전에 나타나는 증상으로 어린잎의 가장자리가 마르거나 배추 속이 물러진다.

원인 토양에 칼슘이 부족한 경우, 암모니아태질소를 과용했을 때, 토양의 건조로 칼슘이온의 흡수가 억제되기 때문에 발생한다.

대책 충분한 양의 석회와 붕사를 밑거름으로 시비하고, 관수, 배수를 철저히 한다.

석회 결핍 증상.

2. 붕소 결핍

증상 잎자루 안쪽에 진한 갈색 반점과 가로로 균열이나 검은 점이 생기고 갈변된다.

원인 토양 중에 석회가 모자라거나 질소와 칼륨 성분을 과다하게 시비한 경우, 토양이 너무 건조하거나 과습한 경우, 지나친 고온으로 증산작용이 너무 심한 경우 발생한다.

대책 고온기에는 토양이 너무 건조하거나 과습하지 않게 하고, 붕산 0.35% 액을 결구 초기에 2~3회 살포한다.

붕소 결핍 증상.

3. 마그네슘 결핍

증상 겉잎이 황색 또는 백색으로 변하고 점차 갈변하여 괴사한다.

원인 산성 토양에서는 강우에 의한 용탈로 부족한 상태가 되며 칼륨 비료를 과용했을 때는 흡수가 억제되어 발생한다.

대책 황산마그네슘을 10일 간격으로 5~6회 살포한다.

마그네슘 결핍 증상.

4. 칼륨 결핍

증상 잎이 뻣뻣해지고 주름 형성이 되며 잎이 황변 또는 갈변하여 말라 죽음

원인 토양 중 칼륨 함량이 적은 토양에서 자주 발생한다.

대책 밑거름으로 염화가리 등 칼륨 비료 주기.

마그네슘 결핍 증상.

쪽파

화분에 쪽파 키우기

대파와 함께 두루두루 쓰임이 많은 쪽파는 가을 농사에 빼먹을 수 없는 작물이다. 생육기간도 짧고, 병충해가 심한 작물이 아니기에 조금이라도 여유 화분이 있다면 쪽파를 심어 알뜰하게 써보자.

환경 조건

싹트는 온도	15~25℃
잘 자라는 온도	생육적정 온도는 15~20℃이며 저온에 강하고 여름에는 휴면한다.
햇빛의 세기	다소 빛이 적은 환경에서도 잘 자라 실내 직사광선이 비추는 곳에서 키우기 좋다.
토양 조건	배수가 좋은 모래땅이나 사양토가 적당하다.
토양 산도	pH 5.7~7.4 정도가 좋으며 산성 토양에서는 생육이 불량하다.

 재배 일정

월	1			2			3			4			5			6			7			8			9			10			11			12		
	상	중	하	상	중	하	상	중	하	상	중	하	상	중	하	상	중	하	상	중	하	상	중	하	상	중	하	상	중	하	상	중	하	상	중	하
일정									■	■	■	■										●	●	●				■	■	■						

● 씨뿌리기   ■ 수확

휴면

쪽파 종구는 휴면에 들어가면 물을 주어도 싹이 트지 않지만 30℃ 이상 되는 기간이 20일 이상 되면 휴면에서 깨어나 싹을 틔울 수 있다.

보통 종구용 쪽파는 5월 말~6월 초에 수확해 두 달 정도 보관하는 기간에 휴면이 타파되어 8월 초·중순이 되면 싹을 틔울 수 있게 된다.

쪽파 종구 자르기

일반적으로 종구를 자르고 심어야 싹이 잘 난다고 하지만 생장에는 차이가 없다. 다만 종구를 잘라주면 예쁘고 고르게 싹이 나오므로 아랫부분의 마른 뿌리와 윗부분의 마른 줄기를 가위로 살짝 정리해주면 좋다. 이때 주의할 점은 너무 많이 자르지 않도록 조심해야 한다는 것이다. 대략 2mm 정도만 잘라준다.

심는 시기

심는 시기	8월 초 ~ 9월 중순
심는 간격	10 ~ 15cm
심는 깊이	3 ~ 5cm

추석용 쪽파	8월 초 ~ 8월 중순
김장용 쪽파	9월 초 ~ 9월 중순

쪽파는 휴면이 타파된 7월 중순경부터 재배할 수 있으나 용도에 따라 심는 시기를 조율하면 된다.

추석용 쪽파는 8월 초, 대부분은 김장용으로 재배하게 되는데 이를 위해서는 8월 하순 ~9월 상순에 파종하여 10~11월경에 수확한다.

알이 단단하고 윤기가 있는 것을 종구로 선택하면 된다.

종구가 큰 것은 1개씩 심고, 작은 것은 2~3개씩 붙여서 10~15cm 간격, 3~5cm 깊이로 심으면 된다.

대부분 10일 전후로 싹이 올라오며 발아가 되지 않은 것이 있다면 종구가 썩었거나 벌레 피해를 입었을 가능성이 크다. 이때는 다시 종구를 심는다.

물 관리

건조한 것을 좋아하는 작물이다. 따라서 물을 많이 주면 과습으로 뿌리가 썩어버려, 물은 일주일에 1회 정도 물이 충분히 스며들도록 준다.

수확하기

8월에 파종을 하면 특별한 수확 시기 없이 필요할 때 수확하는데 모종을 심은 후 40일부터 수확이 가능하다.

포기가 크고 잎 길이가 긴 것부터 순차적으로 수확한다.

쪽파가 제일 맛있을 시기는 파

종 후 40~50일이기 때문에 이때를 수확시기로 정한 뒤 그에 맞춰 심는 시기를 결정하는 게 좋다.

다음 해 씨앗으로 사용할 쪽파는 겨울나기를 한 후 이듬해 5월 채취해서 종구로 사용한다.

봄동

  화분에 봄동 키우기

씨 뿌리기

9월 하순에서 10월 상순에 3립 정도로 씨앗끼리 약간의 간격을 두고 파종한다. 솎아낼 때는 다른 모종의 뿌리가 함께 뽑히지 않도록 주의한다.

봄동 씨앗.

봄동 모종.

직파한 봄동.

9월 초에 파종하면 불결구 배추인 봄동이 생육 초기 높은 기온으로 반결구 배추처럼 결구가 진행되기 때문에 일찍 파종하기보단 날짜에 맞춰 파종해야 한다.

9월 초 이른 파종으로 반결구가 진행된 봄동.

키우기

모종은 본엽이 약 5매 정도 자랐을 때 10월 중순에 옮겨 심는다.

배추는 40~45cm 간격을 두고 심는다면 봄동은 20~30cm로 좁게 심는다.

물은 생육 초기에 마르지 않게

화분에 키우는 봄동.

2~3일 간격으로 주고, 기온이 떨어지는 12월부터 물 공급을 중단한다.

봄동은 김장배추와는 달리 특별히 웃거름을 주지 않고 키워도 된다.

수확

9월에 파종한 봄동의 재배 기간은 60~70일이며, 수확 시기는 12월부터 다음해 3월까지이다.

배추는 추위에 강해 노지 월동재배가 가능한 채소지만 −7℃ 이하로 떨어지면 얼어 죽을 수 있다.

12월 중순까지 온도 관리는 크게 필요 없지만, 영하로 떨어지는 중부지방은 보온관리를 해줘야 한다.

11월 봄동.

12월 봄동.

로즈마리

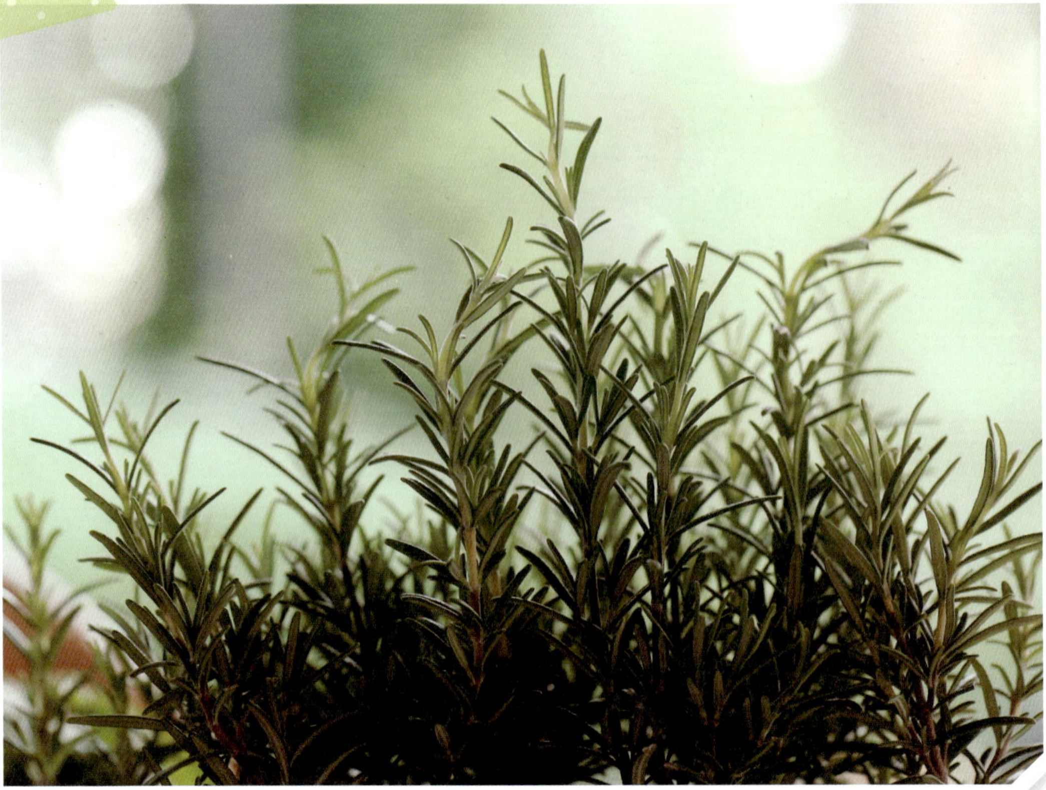

버려진 로즈마리 내 맘대로 외목대 키우기

상록수이면서도 침엽수처럼 입이 뽀족한 로즈마리는 생잎이나 말려서 다양한 분야에 활용이 가능하다. 다년생이며 잘 키우면 2m까지도 키울 수 있다고 한다. 따라서 크게 키우고 싶다면 큰 화분에 키워보자.

원산지가 남유럽이기 때문에 추위에 약해 겨울에는 실내에 들여야 하지만 햇빛 좋은 양지에 나무처럼 큰 로즈마리는 겨울도 이겨내는 경우가 있다.

로즈마리는 항균과 살균 작용, 보습과 진정 효과 및 항염, 집중력을 올려주는 각성효과가 있어 식용, 약용, 방부제, 미용과 의학용으로 이용되고 있다.

이 책에서는 겨울에 제대로 관리하지 못해 동사한 로즈마리의 일부를 살려 다시 나무로 키우는 과정과 보통 4년여가 걸리는 꽃 개화 때문에 주로 꺾꽂이로 번식하는 방법 두 가지를 소개한다.

혹시 주변에 로즈마리를 키우는 사람이 있다면 로즈마리 가지를 2~3개 분양받아 꺾꽂이로 키워도 좋다.

로즈마리 키우는 방법은 《쑥쑥크리의 화분 텃밭》을 참조하길 바란다.

동사한 로즈마리 살려서 나무로 키우기

1 먼저 동사한 가지들을 정리한다.

2 외목대로 키울 가지를 정한 뒤 잔 가지들을 제거한다.

3 외목대로 키울 가지를 철사와 지주대로 사진과 같이 세운다.

4 바람이 잘 통하고 아침 해가 드는 곳에 화분을 둔 후 2~3일에 한 번씩 마른 흙을 적셔준다는 기분으로 물을 준다.

5 나무처럼 키우고 싶다면 줄기가 될 부분이 튼튼하게 자랄 수 있도록 곁가지들을 사진과 같이 정리해준다. 어떤 형태의 로즈마리를 원하는지 고민해보고 곁가지를 제거하자. 이 책에서는 동그란 모양의 로즈마리로 키우기 위해 곁가지를 정리했다.

제거한 꺾꽂이로 키우는 로즈마리

앞에서 정리한 로즈마리 가지를 물컵에 담아 수경 재배한다. 뿌리가 내리고 햇빛을 많이 받을 수 있도록 다 쓴 일회용 컵이나 페트병을 이용하면 좋다

1주일에서 2주 정도 지나면 뿌리가 나오기 시작한다. 좀 더 시간이 걸릴 수도 있다.

어느 정도 뿌리가 자라면 흙으로 옮겨준다. 썼던 페트병이나 일회용 컵에 흙을 담아 화분으로 사용해도 된다.

바람이 잘 통하고 아침 해가 드는 곳에서 키우다가 1달이 지나면 로즈마리를 분갈이해준다.

로즈마리는 잘 키우면 허브임에도 나무처럼 크기 때문에 되도록 큰 화분에 분갈이해준다.

그 후의 관리는 나무로 키우기의 로즈마리 관리 방법과 같다.

주변의 허브는 고양이를 위한 캣닢이다. 다이소에서 구매한 캣닢에서 캣닢 씨가 떨어져 겨울을 지나 발아했다.

로즈마리 꺾꽂이는 완전히 자리 잡아 크기 시작했다.

참고 자료

농촌진흥청의 농사로 www.nongsaro.go.kr

왕산종묘 www.wsgamja.com

텃밭 백과 들녘 | 박원만